Steuerliche Optimierung von Management Buy-Outs

T0316849

Europäische Hochschulschriften

Publications Universitaires Européennes
European University Studies

Reihe V
Volks- und Betriebswirtschaft

Série V   Series V
Sciences économiques, gestion d'entreprise
Economics and Management

Bd./Vol. 3336

PETER LANG

Frankfurt am Main · Berlin · Bern · Bruxelles · New York · Oxford · Wien

Jochen Beyer

Steuerliche Optimierung von Management Buy-Outs

PETER LANG
Internationaler Verlag der Wissenschaften

Bibliografische Information der Deutschen Nationalbibliothek
Die Deutsche Nationalbibliothek verzeichnet diese Publikation
in der Deutschen Nationalbibliografie; detaillierte bibliografische
Daten sind im Internet über <http://www.d-nb.de> abrufbar.

Gedruckt auf alterungsbeständigem,
säurefreiem Papier.

ISSN 0531-7339
ISBN 978-3-631-57778-3

© Peter Lang GmbH
Internationaler Verlag der Wissenschaften
Frankfurt am Main 2009
Alle Rechte vorbehalten.

www.peterlang.de

Meinen Eltern
Brigitte und Gerald Beyer

Vorwort

Die folgende Arbeit lag im Wintersemester 2007/08 dem Fachbereich Wirtschaftswissenschaften der Fachhochschule Mainz als Diplomarbeit vor. Das Manuskript wurde im September 2007 abgeschlossen.

Die Arbeit stellt in übersichtlicher und vollständiger Weise die Strukturmerkmale eines Management Buy-Outs dar und zeigt die Möglichkeiten zur Optimierung der Struktur eines Management Buy-Outs in zivil- und steuerrechtlicher Hinsicht unter verschiedenen denkbaren Fallgestaltungen auf. Hierbei habe ich mich nicht nur auf das zum Zeitpunkt der Erstellung der Arbeit geltende Steuerrecht beschränkt, sondern auch ausführlich die auf Grund der Unternehmensteuerreform im Jahre 2008 in Kraft tretenden neuen steuerlichen Vorschriften, z. B. zum Zinsabzug und zur Verrechnung von Verlusten, miteinbezogen.

Die Arbeit wurde mit hervorragend bewertet.

Jochen Beyer

INHALTSVERZEICHNIS

Abkürzungsverzeichnis 13
Abbildungsverzeichnis 17

1. Einleitung 19

2. Einführung 21
2.1. Grundbegriffe 21
2.1.1. Begriff des MBO 21
2.1.2. Sonderfälle: LBO, MBI und EBO 22
2.1.3. Weitere Begriffe 24
2.2. Wirtschaftliche Ziele der Beteiligten 26
2.3. Gründe für einen MBO 27
2.4. Interessenkonflikt 27
2.5. Ablauf und Phasen des MBO 30

3. Akquisitionsstruktur 33
3.1. Erwerb ohne Finanzinvestor 33
3.1.1. Unmittelbarer Erwerb durch das Management 33
3.1.2. Mittelbarer Erwerb des Managements durch
eine NewCo 34
3.1.2.1. Gründung der NewCo 35
3.1.2.2. Erwerb der Zielgesellschaft 37
3.1.2.2.1. Erwerb durch Asset-Deal 37
3.1.2.2.2. Erwerb von Beteiligungen 39
3.1.2.3. Schicksal der Zielgesellschaft 40
3.1.2.3.1. Verschmelzung einer Zielgesellschaft auf
die NewCo 40
3.1.2.3.2. Zielgesellschaft als Personengesellschaft 41
3.1.2.3.3. Verkauf der Assets und Liquidation 43
3.1.2.3.4. Gewinnabführungsvertrag mit einer
Zielgesellschaft 43
3.1.2.4. Finanzierung 44
3.1.2.4.1. Eigenkapital 45
3.1.2.4.2. Fremdkapital 46
3.1.2.4.3. Mezzanine Finanzierung 47
3.2. Besonderheiten des Erwerbs unter Beteiligung eines
Finanzinvestors 49
3.2.1. Offene Beteiligung des Finanzinvestors 50

3.2.2. Mezzanine Beteiligung des Finanzinvestors 50
3.2.2.1. Wandel- und Optionsanleihen 51
3.2.2.2. Genussrechte 52
3.2.2.3. Partiarische Darlehen / Stille Beteiligung 53
3.2.3. Beteiligung der Manager 54

4. Besteuerung des MBO **57**
4.1. Erwerb der Zielgesellschaft 57
4.1.1. Erwerb von Wirtschaftsgütern durch Asset-Deal 57
4.1.1.1. Besteuerung des Käufers 58
4.1.1.2. Besteuerung des Verkäufers 58
4.1.2. Erwerb von Anteilen 59
4.1.2.1. Personengesellschaften als Zielgesellschaft 60
4.1.2.1.1. Besteuerung des Käufers 60
4.1.2.1.2. Besteuerung des Verkäufers 60
4.1.2.2. Kapitalgesellschaften als Zielgesellschaft 61
4.1.2.2.1. Besteuerung des Käufers 61
4.1.2.2.2. Besteuerung des Verkäufers 62
4.1.3. Konfliktlösungsmodelle 64
4.1.3.1. Kombinations- und Organschaftsmodelle 65
4.1.3.2. Umwandlungs- oder Verschmelzungsmodelle 67
4.1.3.3. Ausnutzung des Verlustvortrages 68
4.1.3.4. Lösung über Kaufpreisfindung 70
4.2. Besteuerung nach Erwerb 71
4.2.1. Steuerliche Situation nach Erwerb 71
4.2.1.1. Finanzierung durch Eigenkapital 71
4.2.1.2. Finanzierung durch Fremdkapital 71
4.2.1.3. Finanzierung durch Mezzanine Produkte 77
4.2.1.4. Verrechnung mit Verlustvorträgen 79
4.2.1.5. Rechtsformwechsel zur Verminderung der
          steuerlichen Belastung 81
4.2.2. Umstrukturierung nach Erwerb und Exit 84
4.2.2.1. Verschmelzung von Zielgesellschaft und NewCo 84
4.2.2.2. Abtrennung einzelner Betriebsteile 85
4.2.2.3. Exit über Kapitalmarkt 86
4.2.2.4. Exit durch sonstige Verkäufe 88
4.3. Steuerliche Fragen zur Managementbeteiligung selbst 89
4.3.1. Vermeidung einer Anfangsbesteuerung 89
4.3.1.1. Sweet-Equity 89
4.3.1.2. Lohnsteuertatbestand 90

4.3.1.3.   Schenkungsteuertatbestand 91
4.3.1.4.   Finanzierung der Einlage 91
4.3.2.   Vermeidung einer Endbesteuerung 92

5.   Fazit 95

Literaturverzeichnis 97

ABKÜRZUNGSVERZEICHNIS

Abb. .... Abbildung
Abs. .... Absatz
AG .... Aktiengesellschaft
AO .... Abgabenordnung
AktG .... Aktiengesetz
Alt. .... Alternative
BB .... Betriebs-Berater (Zeitschrift)
BC .... Bilanzbuchhalter und Controller
                                           (Zeitschrift)
BDI .... Bundesverband der Deutschen
                                           Industrie
betr. .... betreffend
BFH .... Bundesfinanzhof
BGB .... Bürgerliches Gesetzbuch
BGBl. .... Bundesgesetzesblatt
BMF .... Bundesministerium für Finanzen
BStBl. .... Bundessteuerblatt
bzw. .... beziehungsweise
ca. .... circa
DB .... Der Betrieb (Zeitschrift)
d. h. .... das heißt
DStR .... Deutsches Steuerrecht
                                           (Zeitschrift)
EBITDA .... Earnings before interest, taxes,
                                           depreciation and amortization
EBO .... Employee Buy-Out
ESt .... Einkommensteuer
EStG .... Einkommensteuergesetz
EStR .... Einkommensteuerrichtlinien
ErbSt .... Erbschaftsteuer
ErbStG .... Erbschaftsteuergesetz
etc .... et cetera
evtl. .... eventuell
f./ff. .... folgend/fortfolgende
gem. .... gemäß
GewSt .... Gewerbesteuer
GewStG .... Gewerbesteuergesetz
GewStR .... Gewerbesteuerrichtlinien

GmbH	Gesellschaft mit beschränkter Haftung
GmbHG	Gesetz betreffend die Gesellschaften mit beschränkter Haftung
GmbHR	GmbH-Rundschau (Zeitschrift)
GrESt	Grunderwerbsteuer
GrEStG	Grunderwerbsteuergesetz
HGB	Handelsgesetzbuch
h. M.	herrschende Meinung
Hs.	Halbsatz
i. d. R.	in der Regel
IFRS	International Financial Reporting Standards
IPO	Initial Public Offering
IStR	Internationales Steuerrecht (Zeitschrift)
i. V. m.	in Verbindung mit
KG	Kommanditgesellschaft
KSt	Körperschaftsteuer
KStG	Körperschaftsteuergesetz
lit.	litera
LMBO	Large Management Buy-Out
m. a. W.	mit anderen Worten
MBI	Management Buy-In
MBO	Management Buy-Out
MEP	Management Equity Programme
Mio.	Millionen
M & A	Mergers & Acquisitions
m. w. N.	mit weiteren Nachweisen
NewCo	New Company
Nr.	Nummer
p. a.	per annum
R	Richtlinie
Rn.	Randnummer
S.	Satz
SolZ	Solidaritätszuschlag
Tz.	Teilziffer
u. a.	und andere
UmwG	Umwandlungsgesetz

UmwSt	Umwandlungssteuer
UmwStG	Umwandlungsteuergesetz
US-GAAP	Generally Accepted Accounting Principles in the United States
vgl.	vergleiche
WpÜG	Wertpapiererwerbs- und Übernahmegesetz
z. B.	zum Beispiel
ZEV	Zeitschrift für Erbrecht und Vermögensnachfolge

ABBILDUNGSVERZEICHNIS

Abbildungen   **Seite**

Abbildung 1: Unmittelbarer Erwerb 36
Abbildung 2: Mittelbarer Erwerb 38
Abbildung 3: Finanzierungsstruktur 51
Abbildung 4: Ausnutzen der Freigrenze durch mehrere
NewCo's 90

1. Einleitung

Seit Mitte der 1990er und vor allem in den letzten Jahren haben sich die Bereiche Mergers & Acquisitions und Private Equity stark entwickelt.[1] Seit dem Jahr 2001 gilt dies vor allem für den Private-Equity Bereich als investitionsintensivstem Segment und zwar wegen so genannter Buy-Outs.[2] Viele Unternehmen, die sich in Insolvenz oder Insolvenzgefahr befanden oder sich durch Unternehmensverkäufe am Markt neu ausrichten wollten, waren davon betroffen. Vor allem aber waren Buy-Outs darauf zurückzuführen, dass viele Unternehmen vor Nachfolgeproblemen standen.[3] Insbesondere bei Familiengesellschaften war dies der Fall, wenn die internen Probleme nicht durch Fremdmanagement oder Börsengang zu lösen waren.[4] Es wurde häufig vom Zeitalter der Unternehmensnachfolge gesprochen.[5] Der Management Buy-Out (MBO), der sich als probates Mittel der Übernahme etablierte, stellt eine Form des Buy-Outs dar und eine der anerkannten und häufig praktizierten Übernahme- und Finanzierungsformen. Welche Bedeutung MBOs in Deutschland haben zeigt sich insbesondere darin, dass von 92 Buy-Outs im Jahr 2006 72 MBOs waren.[6] Das Investitionsvolumen für MBOs lag bei 550,6 Mio. €.[7]

---

[1] *Thies*, Steuerliche Optimierung bei Buy Outs durch Private Equity-Gesellschaften, M & A 2003, S. 479 (479).

[2] Buy-Out-Investitionen summierten sich im Jahr 2006 auf ein Volumen von 2.600, 3 Mio. €; BVK Teilstatistik Buy-outs 2006, S. 2, www.bvk.de, zuletzt eingesehen am 21.9.2007.

[3] *Bressmer/Moser/Sertl*, Vorbereitung und Abwicklung der Übernahme von Unternehmen, S. 30.

[4] *Hölters*, in: Hölters, Handbuch des Unternehmens- und Beteiligungskauf, S. 31.

[5] *Labbé*, Unternehmensnachfolge durch Management-Buy-Out, DB 2001, S. 2362 (2362).

[6] BVK Jahresstatistik 2006, S. 35, www.bvk.de, zuletzt eingesehen am 21.9.2007.

[7] BVK Teilstatistik Buy-outs 2006, S. 8.

2. Einführung

Die Kernstücke einer Übernahme eines Unternehmens durch einen MBO sind die zukunftsorientierte gesellschaftsrechtliche und steuerliche Gestaltung der Transaktion. Wie die Transaktion dabei optimiert zu gestalten ist, hängt von den Ausgangsdaten der Transaktion im Einzelnen ab. Bevor auf die Gestaltung eingegangen wird, sollen im Folgenden zunächst die Grundbegriffe eines MBO erklärt werden.

2.1. Grundbegriffe

Neben dem MBO, der einen Unterfall des Buy-Outs darstellt, gibt es noch weitere Möglichkeiten eines Buy-Outs, wobei diese Gestaltungsformen wie auch der MBO aus dem angloamerikanischen Recht stammen.

2.1.1. Begriff des MBO

Unter einem MBO wird im internationalen Sprachgebrauch der Erwerb eines Unternehmens oder von Teilen eines Unternehmens durch unternehmensinterne Führungskräfte verstanden, um die unternehmerische Leitung der Gesellschaft zu übernehmen.[8] Von einem MBO spricht man insbesondere dann, wenn das Management mehr als 10% der Unternehmensteile erwirbt.[9] Im Gegensatz zum Fremdmanagement beteiligen sich bei solch einem Vorgang die übernehmenden Manager an der Gesellschaft. Das Übernahmeteam besteht dabei zumeist aus Teilen des bisherigen Managements und/oder wichtigen Funktionsträgern aus Abteilungen wie Technik, Vertrieb und Finanzen. Durch die Integration vieler unterschiedlicher Funktionsträger soll gewährleistet werden, dass der „corporate spirit" des Unternehmens durch die Übernahme nicht verloren geht, was bei einer reinen Übernahme durch Fremdinvestoren der Fall sein kann.[10]

---

[8] *Rhein*, Der Interessenkonflikt der Manager beim Management-Buy-out, S. 4; *Böx*, in: Hettler, Beck'sches Mandatshandbuch Unternehmenskauf, S. 14; *Schiffer*, Planung von Management-Buy-Outs, S. 27; *Franke*, MBO als Nachfolgelösung, S. 6 (6).

[9] BVK Jahresstatistik 2006, S. 43.

[10] *Gesmann-Nuissl*, Unternehmensnachfolge – ein Überblick über die zivil- und gesellschafts-rechtlichen Gestaltungsmöglichkeiten, BB-Special 6/2006, S. 6

Von Vorteil ist auch, dass die Erwerber die Stärken und Schwächen des Unternehmens im Gegensatz zur herkömmlichen Übernahme durch eine dritte Partei kennen.[11]

In den letzten Jahren haben sich nur vom Management durchgeführte MBOs auf eine geringe Anzahl beschränkt, weil die Manager weder fähig und noch willens sind, angesichts der zunehmenden Größe der Übernahmeobjekte den Großteil des Kaufpreises selbst zu finanzieren. Daher erfolgt eine große Anzahl der Übernahmen durch das Management unter Beteiligung von Finanzinvestoren, zumeist Beteiligungsgesellschaften bzw. Private Equity-Fonds[12], um das für die Übernahme erforderliche Kapital aufbringen zu können. Deshalb wird unter dem Begriff „Management Buy-Out" für diese Arbeit „der nicht nur unerhebliche Erwerb von Anteilen an einem Unternehmen unter Beteiligung von institutionellen Kapitalgebern und der Manager, die mehrheitlich auch schon vor der Übernahme an dem Unternehmen beschäftigt waren", verstanden. Eine Abgrenzung zu dem in der Literatur häufig verwendeten Begriff des LMBO (Large Management Buy-Out) erübrigt sich dann.

Beteiligte eines MBO sind demnach zunächst die Manager, das Zielunternehmen und der Finanzinvestor. Ein MBO kann entweder mittelbar oder unmittelbar erfolgen. Bei einem mittelbaren MBO ist neben den drei eben genannten Parteien noch ein Akquisitionsvehikel beteiligt, d. h. eine Erwerberholding, welche die Zielgesellschaft erwirbt und an der die Manager und der Finanzinvestor Anteile halten.[13]

2.1.2.   Sonderfälle: LBO, MBI und EBO

Einen Leverage Buy-Out (LBO) kennzeichnet, dass der Kaufpreis maßgeblich durch Fremdmittel finanziert wird; die Eigenmittel werden von Risikokapitalgebern, z. B. Private Equity-Investoren, bereitgestellt. Im Gegensatz zum reinen MBO wird das aktuelle Manage-

---

(2); *Kußmaul/Pfirmann/ Tcherveniachki*, Leveraged Buyout am Beispiel der Friedrich Grohe AG, DB 2005, S. 2533 (2533).

[11]   *Beisel*, in: Beisel/Klumpp, Der Unternehmenskauf, S. 266; *Franke*, MBO als Nachfolgelösung, S. 6 (6).

[12]   An dem Private-Equity-Fonds sind wiederum Banken, Pensionseinrichtungen, Versicherungen und in geringerem Umfang vermögende Familien/Privatpersonen sowie Industrieunternehmen beteiligt.

[13]   Unter 3.1.2.

ment an einer Übernahme nicht wesentlich beteiligt und die Übernahme ist hauptsächlich fremdfinanziert.[14] Bei einem LBO erwirbt ein zwischengeschaltetes Akquisitionsvehikel das Übernahmeobjekt, d. h. nicht unmittelbar der Finanzinvestor. Wesentliches Strukturmerkmal eines LBO ist, dass die Zielgesellschaft nach einer Umstrukturierung, z. B. nach einer Verschmelzung mit dem Akquisitionsvehikel, das Darlehen tilgt und die Zinsen zurückzahlt, weshalb sich für einen LBO Unternehmen mit Liquiditätszuflüssen eignen, m. a. W. der LBO erfolgt durch Ressourcen des Zielunternehmens.[15] Aufgrund dieser hohen Fremdkapitalfinanzierung steht die Hebelwirkung im Vordergrund, der so genannte „Leverage Effekt".[16] Unter Leverage (die Hebelwirkung) wird das Verhältnis von Eigen- zu Fremdkapital verstanden. Wegen der überproportionalen Finanzierung durch Fremdkapital wird – eine positive Gesamtrentabilität unterstellt – die Eigenkapitalrendite erhöht. Neben der Renditesteigerung hat der LBO aus Sicht der Investoren noch den Vorteil, dass das Risiko nur auf das relativ geringe Eigenkapital beschränkt ist. Als Sicherheit für das Darlehen dient das zu erwerbende Unternehmen.[17]

Der Management Buy-In (MBI) unterscheidet sich vom MBO hinsichtlich der Beteiligten. Beim MBI erfolgt der Erwerb des Zielunternehmens nicht durch die aktuelle Unternehmensleitung, sondern durch Führungskräfte eines anderen Unternehmens.[18] Die Finanzierung der Transaktion erfolgt dabei meistens durch Finanzinvestoren, wobei dem MBI i. d. R. ein LBO-Modell zugrunde liegt.[19] Bei dieser Variante der Übernahme ist eine erfolgreiche Zusammenarbeit der Erwerber mit dem Zielunternehmen schwieriger als beim MBO. Hauptaufgabe des externen Managements ist dabei, sich in das Zielunternehmen zu integrieren. Erforderlich hierfür ist insbesondere,

---

[14] Während man bei einem MBO von einer Beteiligung des Managements von mehr als 10% ausgeht, wird ein LBO insbesondere dann angenommen, wenn das Management weniger als 10% der Unternehemensteile hält.

[15] *Bressmer/Moser/Sertl*, Vorbereitung und Abwicklung der Übernahme von Unternehmen, S. 162 ff.

[16] *Beisel*, in: Beisel/Klumpp, Der Unternehmenskauf, S. 259.

[17] *Böx*, in: Hettler, Beck'sches Mandatshandbuch Unternehmenskauf, S. 14.

[18] *Schwenkedel*, Management Buyout, S. 11; *Böx*, in: Hettler, Beck'sches Mandatshandbuch Unternehmenskauf, S. 14; *Schiffer*, Planung von Management-Buy-Outs, S. 41.

[19] *Vogel*, M & A: Ideal und Wirklichkeit, S. 28.

das Vertrauen der Mitarbeiter und der Vertragspartner zu gewinnen.[20]

Von einem Employee Buy-Out (EBO) wird dann ausgegangen, wenn das Unternehmen von einer erheblichen Zahl von Mitarbeitern übernommen wird. Diese Übernahme kann wie beim MBO und beim MBI unter Zuhilfenahme von fremden Kapitalgebern erfolgen.[21]

2.1.3. Weitere Begriffe

Weitere Begriffe, die bei der Übernahme durch einen Management Buy-Out von Bedeutung sind, sind Exit, Incentives, Ratchets, MEP und Leaver Schemes.
Der Exit ist der Verkauf des Unternehmens nach erfolgreicher Arbeit, d. h. es ist der finale Ausstieg der Investoren aus der Struktur.[22]
Dieser erfolgt heute häufig durch einen Börsengang (Initial Public Offering – IPO) nach üblicherweise drei bis sieben Jahren, durch einen Secondary Buy-Out, d. h. die Übernahme des Unternehmens durch einen anderen, oder durch einen Trade Sale, d. h. die Veräußerung im Wege eines normalen Beteiligungsverkaufs an einen strategischen Investor. Der Exit wird meist schon nach Erwerb des Zielunternehmens in einer Gesellschaftervereinbarung festgelegt, die auch die Verteilung eines Exit-Erlöses regelt.[23]

Dem Management werden bei einem MBO häufig Incentives von dem Finanzinvestor gewährt. Solche Incentives sollen die Zusammenführung der Interessen des Finanzinvestors und des Managements im Rahmen des Buy-Outs bezwecken und das Management zu höheren Leistungen animieren. Häufige Gestaltungen des Incentives

---

[20] *Gesmann-Nuissl*, BB-Special 6/2006, S. 6 (2).
[21] *Jepsen*, Die Entlohnung des Managements beim (Leveraged) Management Buy-Out, S. 12; *Schwenkedel*, Management Buyout, S. 11; *Jakoby*, Erfolgsfaktoren von Management Buyouts in Deutschland, S. 23; *Schiffer*, Planung von Management-Buy-Outs, S. 41; *Weitnauer*, in: Weitnauer, Management Buy-Out, S. 2.
[22] *Thies*, M & A 2003, S. 479 (479).
[23] *Ek/von Hoyenberg*, Unternehmenskauf und –verkauf, S. 184; *Thies*, M & A 2003, S. 479 (479); *Martinius/Stubert*, Venture-Capital-Verträge und das Verbot der Hinauskündigung, BB 2006, S. 1978 (1977); *Hohaus/Inhester*, Rahmenbedingungen von Management-Beteiligungen, DStR 2003, S. 1765 (1765).

sind einfache Bonussysteme, Exit-Prämien oder Managementbeteiligungen.[24] Boni und Exit-Prämien erfordern im Gegensatz zur Managementbeteiligung keinen Kapitaleinsatz.[25]

Bei Transaktionen, die mit hohem Fremdkapitaleinsatz (LBO) erfolgen, erhalten die Manager beim Exit einen so genannten Ratchet. Grundsätzlich wird der Erlös, der beim Exit erwirtschaftet wird, im Verhältnis der Beteiligungsquoten an die einzelnen Gesellschafter ausgeschüttet. Bei ausdrücklicher Regelung von Ratchets kann im Einzelfall jedoch von der Normalverteilung abgewichen werden, sodass das Management neue Anteile vom Finanzinvestor erwerben kann.[26]

Im Falle einer Managementbeteiligung regelt das so genannte Leaver Scheme das Schicksal der Beteiligung bei Beendigung des Dienstverhältnisses bzw. der Organstellung bei der Zielgesellschaft. Dabei kann der Finanzinvestor von dem Manager die Veräußerung und Übertragung der Managementbeteiligung verlangen, und zwar isoliert (Call-Option) und/oder in Form einer Mitverkaufsverpflichtung (Drag-Along-Right). Den Managern steht dabei aber meistens auch ein Andienungsrecht (Put-Option) und/oder ein Mitverkaufsrecht (Tag-Along-Right) zu. Die Höhe des Kaufpreises, den die Manager verlangen können oder der Investor bei einer Put-Option zahlen muss, bestimmt sich i. d. R. nach dem Grund des Ausscheidens aus der Gesellschaft.[27] Kündigt der Manager selbst innerhalb der ersten drei bis fünf Jahre ohne wichtigen Grund oder wird ihm aus wichtigem Grund gekündigt (so genannte Bad-Leaver-Fälle), wird i. d. R. ein geringerer Kaufpreis als der Verkehrswert vereinbart, der ansonsten maßgeblich ist, wenn der Investor dem Manager ohne wichtigen Grund kündigt (so genannte Good-Leaver-Fälle). Dadurch versucht der Finanzinvestor die Manager längerfristig an sich zu binden, wo-

---

[24] *Eisinger/Bühler*, Management-Incentives bei Private Equity-Transaktionen, M & A 2005, S. 536 (536).

[25] Zur steuerlichen Gestaltung unter 4.3.

[26] *Hohaus*, Aktuelles zu Managementbeteiligungen in Private Equity Transaktionen, BB 2005, S. 1294 (1291).

[27] *Hohaus/Inhester*, Rahmenbedingungen von Management-Beteiligungen, DStR 2003, S. 1766 (1765).

hingegen Incentives lediglich das operative Geschäft positiv beeinflussen sollen.[28]

Die Gesamtheit dieser Instrumente, d. h. Incentives, Leaver Schemes etc., wird in einem so genannten Managementbeteiligungsprogramm geregelt, welches auch als MEP bezeichnet wird und ebenfalls in der schon erwähnten Vereinbarung der Gesellschafter der NewCo geregelt wird.

2.2. Wirtschaftliche Ziele der Beteiligten

Die Ziele der Beteiligten beim MBO, nämlich der Manager, der Finanzinvestoren, der Banken und der Verkäufer, sind sehr verschieden.

Der Finanzinvestor, der einen Teil des Eigenkapitals hält, hat das Ziel, innerhalb eines Anlagehorizontes von drei bis sieben Jahren mit der Zielgesellschaft einen möglichst hohen und steuerfreien Veräußerungsgewinn durch den Weiterverkauf des Objekts zu erzielen, d. h. eine überdurchschnittliche Rendite zu realisieren.[29] Für ihn steht damit die Vereinnahmung von laufenden Erträgen aus Zinsen und Dividenden nicht im Vordergrund.

Das Ziel der Manager ist grundsätzlich dasselbe wie das der Finanzinvestoren, nämlich die Wertsteigerung des Unternehmens. Da ihnen die Beteiligungen oft zu günstigen Konditionen angeboten werden, so genannten „Sweet Equities"[30], können sie an einer Wertsteigerung überdurchschnittlich verdienen.

Der Verkäufer versucht, einen möglichst hohen Kaufpreis für seine Unternehmensanteile zu erzielen. Treten die Manager als Verhandlungsführer für den Verkäufer auf, entsteht zwangsläufig ein Interessenkonflikt auf Seiten der Manager, auf den im Einzelnen noch einzugehen sein wird.[31]

Das Hauptinteresse der Banken ist eine hohe und sichere Verzinsung und Tilgung der von ihnen gewährten Darlehen. Die von ihnen gewährten Darlehen machen den Großteil der zur Verfügung stehenden Finanzierungsmittel aus.

---

[28] Zur steuerlichen Gestaltung ebenfalls unter 4.3.
[29] *Frommann*, in: Lütjen, Management Buy-Out, S. 129; *Jakoby*, Erfolgsfaktoren von Management Buyouts in Deutschland, S. 276.
[30] Unter 4.31.1.
[31] Unter 2.4.

2.3. Gründe für einen MBO

Einer der wesentlichen Gründe, das Management zu beteiligen, ist die Erfolgsabhängigkeit der künftigen Entlohnung des Managements. Die Beteiligung vermittelt eine Teilnahme am tatsächlichen Erfolg des Unternehmens; hierdurch steigen Arbeitseinsatz und Arbeitsanreiz der Manager. Durch diese selbständige Anreizfunktion werden die Anteilseigner in ihrer Kontrollaufgabe entlastet.[32] Ferner ist für die Finanzinvestoren der Informationsvorsprung der Manager, den diese gegenüber den bisherigen Eigentümern haben, wichtig.[33] Zum einen können die Manager diesen bei den Kaufpreisverhandlungen nutzen. Hierdurch wird das Risiko der Käufer begrenzt, bei einem Unternehmenskauf einen zu hohen Kaufpreis zu zahlen.[34] Für die Investoren sprechen ferner das Engagement und die Initiative des Managements, das Unternehmen zu übernehmen, dafür, dass das Unternehmen Entwicklungspotenzial hat und eine positive Entwicklung möglich ist.

Wie bereits ausgeführt, ist für die meisten MBOs ein hoher Fremdmitteleinsatz erforderlich. Daraus resultiert ein meist erheblicher Verschuldungsgrad beim Zielunternehmen. Durch die Schaffung dieser Kapitalstruktur wird eine gewisse Insolvenzgefahr des Unternehmens begünstigt. Da die Insolvenz auch für das Management den Verlust des Arbeitsplatzes und seiner Beteiligung zur Folge hat, trägt die Beteiligung des Managers auch dazu bei, diese hohe Verschuldung durch entsprechende Performance nachhaltig abzubauen.

2.4. Interessenkonflikt

Zwischen den Beteiligten eines MBOs gibt es, wie bereits erwähnt, aufgrund der unterschiedlichen Interessen Konflikte. Der Verkäufer des Unternehmens verfolgt das Ziel, das Unternehmen mit einem möglichst hohen Kaufpreis zu verkaufen.[35] Dabei spielt das Management die Schlüsselrolle, denn die Art und Weise, wie das Mana-

---

[32] *Jepsen*, Die Entlohnung des Managements beim (Leveraged) Management Buy-Out, S. 16; *Jakoby*, Erfolgsfaktoren von Management Buyouts in Deutschland, S. 18.

[33] *Rhein*, Der Interessenkonflikt der Manager beim Management Buy-Out, S. 16.

[34] *Hölters*, in: Hölters, Handbuch des Unternehmens- und Beteiligungskauf, S. 33.

[35] *Rhein*, Der Interessenkonflikt der Manager beim Management Buy-Out, S. 15.

gement das Unternehmen im Verkaufsprozess vor den potentiellen Käufern, den Finanzinvestoren, präsentiert, schlägt sich im Kaufpreis nieder. Dabei hat das Management jedoch nicht nur Einfluss auf den Kaufpreis, sondern auch auf die Auswahl des Käufers. Der Käufer wird oft in einem Bieterverfahren ermittelt, wobei der Höchstbietende den Zuschlag erhält.[36]

Meist dient ein verkäuferseitiger Bonus dazu, dem Management einen Anreiz zur bestmöglichen Präsentation des Unternehmens zu geben. Der Bonus steigt mit der Höhe des Kaufpreises. Der Manager muss aus seiner Sicht versuchen, einen möglichst hohen Verkaufspreis zu erzielen, um mit dem Bonus seine Managementbeteiligung finanzieren zu können.

Der Käufer wiederum hat, wie dargelegt, Interesse an der Beteiligung des Managements. Da es sich bei den meisten MBOs um Buy-Outs unter Beteiligung von Finanzinvestoren, meistens Private-Equity-Fonds, handelt, die mit erheblichem Fremdkapital finanziert werden, wird ein MEP[37] aufgesetzt, wonach sich das Management zu bestimmten Bedingungen an der Übernahme beteiligen kann.[38]

Ferner hat der Finanzinvestor ein Interesse daran, den Zuschlag zu erhalten und einen möglichst geringen Kaufpreis für das Unternehmen zu zahlen. Deshalb versucht er, dem Manager den Verkauf an ihn durch das MEP so attraktiv wie nur möglich zu gestalten. Hierbei darf er den Eigenmitteleinsatz des Managements nicht vernachlässigen, weil dieser die Bereitschaft des Managements, sich an der Übernahme zu beteiligen, widerspiegelt. Je mehr der Manager an Eigenmitteln investiert, umso erfolgreicher bewertet er selbst den Unternehmenskauf. Wie viel Eigenmittel der Manager investieren kann, hängt aber wieder von der Höhe des verkäuferseitigen Bonus ab. Ein fixer verkäuferseitiger Bonus entspricht im Gegensatz zu einem verkäuferseitigen Bonus, der an die Höhe des Verkaufspreises gekoppelt wird, eher den Interessen des Finanzinvestor.

---

[36]   *Povaly*, Private Equity Exits, S. 213; *Otto*, in: Assmann/Schütze, Handbuch des Kapitalanlagerechts, S. 1098.
[37]   Zur Begriffserläuterung unter 2.1.3.
[38]   *Weitnauer*, in: Weitnauer, Management Buy-Out, S. 182.

Hierdurch entsteht für den Manager ein nicht zu unterschätzender Interessenkonflikt, nämlich eine Gratwanderung zwischen dem Interesse des von ihm vertretenen Verkäufers, einen möglichst hohen Kaufpreis zu erzielen, dem Interesse des Finanzinvestors, einen möglichst geringen Kaufpreis zahlen zu müssen, und seinem eigenen Interesse, auf der einen Seite einen verkäuferseitigen Bonus zu erhalten und auf der anderen Seite am MEP mit einer attraktiven Beteiligung teilzunehmen. Dieser Gegensatz lässt sich für den Manager, der die Schlüsselrolle für das Gelingen des MBO übernimmt[39], nur dadurch auflösen, dass er von Seiten des Verkäufers einen hohen fixen Bonus und von Seiten des Finanzinvestors eine attraktive Managementbeteiligung anstrebt.

Aus rechtlicher Sicht ergibt sich bei einem MBO ferner das Problem, dass das Management gegenüber dem Verkäufer zur Verschwiegenheit verpflichtet ist.[40] Der Konflikt mit der vertraglichen Verschwiegenheitspflicht entsteht insbesondere dann, wenn an dem MBO neben dem Management noch ein Finanzinvestor beteiligt ist, wodurch das Management gezwungen sein kann, vertrauliche Unternehmensdaten preiszugeben. Vertragliche oder organschaftliche Verschwiegenheitspflichten nach §§ 93 Abs. 1 S. 3, 404 AktG und § 85 GmbHG können dann ein Hindernis für das Management und den Verkaufsprozess darstellen. Wenn die Verkäufer einen MBO initiieren, werden diese mit hoher Wahrscheinlichkeit das Management von der Verschwiegenheitspflicht befreien, so dass das Management mit Dritten frei kommunizieren kann. In der Fallkonstellation, in der das Management einen MBO anstößt, sollte es darauf achten, dass es von den Verschwiegenheits- und Loyalitätspflichten gegenüber der Zielgesellschaft freigestellt wird. Ansonsten läuft es Gefahr, gegen diese zu verstoßen, wodurch die Zielgesellschaft das Recht hätte, die Manager fristlos aus wichtigem Grund gem. § 626 BGB zu kündigen.[41] Davon abgesehen sollte eine Kontaktaufnahme des Managements mit Finanzinvestoren nur durch Berater erfolgen, die aufgrund

---

[39]   *Jepsen*, Die Entlohnung des Managements beim (Leveraged) Management Buy-Out, S. 29.

[40]   *Holzapfel/Pöllath*, Unternehmenskauf in Recht und Praxis, S. 315; *Weitnauer*, in: Weitnauer, Management Buy-Out, S. 182.

[41]   *Ek/von Hoyenberg*, Unternehmenskauf und -verkauf, S. 185.

ihres Berufsstandes gesetzlich zur Verschwiegenheit verpflichtet sind.[42]

2.5. Ablauf und Phasen des MBO

Der MBO lässt sich grundsätzlich in vier Phasen einteilen: Vorbereitung, Durchführung, Refinanzierung und Abschluss.[43]
In der ersten Phase der Vorbereitung sucht der Verkäufer nach geeigneten Kapitalgebern und Beratern. In dieser Zeitperiode wird, wenn die Übernahme der Gesellschaft unter Beteiligung eines Finanzinvestors erfolgt, die Erwerberholding gegründet, welche üblicherweise eine GmbH ist.[44,45] Bei grenzüberschreitenden MBOs unter Beteiligung ausländischer Finanzinvestoren ist eventuell die Gründung weiterer Gesellschaften im Ausland erforderlich.[46] Daneben wird in der Vorbereitungsphase die Kaufpreisfinanzierung verhandelt und strukturiert. Eine Entscheidung wird getroffen, ob die Finanzierung überwiegend mit Eigenkapital oder Fremdkapital erfolgt, wobei letzteres heute wahrscheinlicher ist.[47]

Die zweite Phase stellt die Durchführung dar. In dieser Phase, die auch als Erwerbsphase bezeichnet werden kann, erfolgt der eigentliche Buy-Out, d. h. die Übernahme der Zielgesellschaft. Dabei stehen dem Erwerber, dem Management und den Finanzinvestoren mehrere Varianten der Übernahme zur Verfügung, wobei bei der Variantenauswahl und der Gestaltung des Erwerbs die steuerliche Gestaltung eine erhebliche Rolle spielt. Die Tatsache, ob es sich bei dem Unternehmen um eine Personen- oder Kapitalgesellschaft handelt, muss dabei ebenfalls berücksichtigt werden.

In der dritten Phase des MBOs erfolgt die Refinanzierung der Unternehmensübernahme. In dieser Phase wird alles Notwendige getan, um die hohe Fremdverschuldung, die für den Erwerb des Unterneh-

---

[42] Wirtschaftsprüfer, Rechtsanwälte, Steuerberater; *Otto*, in: Assmann/Schütze, Handbuch des Kapitalanlagerechts, S. 1099.

[43] *Rhein*, Der Interessenkonflikt der Manager beim Management Buy-Out, S. 12.

[44] Unter 3.1.2.1.

[45] *Labbé*, DB 2001, S. 2362 (2362).

[46] Dazu könnte z. B. die LuxCo oder eine Guernsey LP gehören.

[47] *Herfort*, Besteuerung von Management-Buy-Outs in der Bundesrepublik Deutschland, S. 61.

mens erforderlich war, nach Erwerb der Zielgesellschaft wieder abzubauen.[48] Der Abbau kann dabei durch Veräußerung von Aktiva und der Auflösung von stillen Reserven oder mittels der laufenden Erträge des Zielunternehmens erfolgen. In dieser Phase wird auch über das Schicksal des übernommenen Unternehmens disponiert, d. h. ob die Gesellschaft mit der Erwerberholding verschmolzen oder ob z. B. ein Gewinnabführungsvertrag mit dieser geschlossen wird.

In der letzten Phase des MBO, dem Abschluss, ziehen sich die Finanzinvestoren aus der Unternehmung zurück, um ihre Gewinne zu realisieren. Dasselbe werden die Manager im Regelfall tun, soweit sie kein längeres Engagement im Unternehmen anstreben. Der MBO endet dann im Exit.[49]

---

[48] *Rhein*, Der Interessenkonflikt der Manager beim Management Buy-Out, S. 12.
[49] Unter 4.2.2.3.

3. Akquisitionsstruktur

Im folgenden Kapitel soll die Akquisitionsstruktur des MBO dargestellt werden, wobei zunächst der gesellschaftsrechtliche Teil be-
leuchtet werden soll, um danach auf die steuerlichen Auswirkungen
und deren Optimierung eingehen zu können. Die Struktur eines
MBO beinhaltet viele Vertrags- und Austauschbeziehungen.[50]

3.1. Erwerb ohne Finanzinvestor

Auch wenn dies heute die Ausnahme darstellt, soll zunächst die
Struktur eines MBO ohne Beteiligung eines Finanzinvestors dargestellt werden, um die komplexe Struktur eines MBO besser zu ver-
deutlichen. Bei einem solchen Erwerb tritt lediglich das Management
als Käufer des Unternehmens auf, wobei die Finanzierung auch hier
meist durch Kapitalgeber wie Kreditinstitute, die auf Risikokapital
spezialisiert sind, erfolgt. Der Erwerb des Unternehmens kann durch
zwei verschiedene Modelle erfolgen, nämlich unmittelbar, d. h. direkt durch das Management, oder mittelbar durch Zwischenschaltung
einer Erwerberholding – nachfolgend als „NewCo" (New Company)
bezeichnet.[51,52]

3.1.1. Unmittelbarer Erwerb durch das Management

Die unmittelbare Übernahme durch das Management kann aufgrund
der Größe des Unternehmens meistens nicht ohne Beteiligung von
Kapitalgebern finanziert werden, weshalb die übernehmenden Manager sich eines Darlehens bedienen, um den Kaufpreis finanzieren
zu können (**vgl. Abb. 1**). Dabei müssen sich die Gesellschafter ver-
pflichten, das Darlehen selbst zurückzuzahlen und haften dafür,
sofern keine abweichenden Abreden mit dem Kapitalgeber – der im
Einzelfall auch die Zielgesellschaft oder die NewCo sein kann –
getroffen werden, mit ihrem gesamten privaten Vermögen.[53] Die

---

[50] *Jepsen*, Die Entlohnung des Managements beim (Leveraged) Management
Buy-Out, S. 187.

[51] *Beisel*, in: Beisel/Klumpp, Der Unternehmenskauf, S. 259; *Weitnauer*, in:
Weitnauer, Management Buy-Out, S. 8.

[52] *Labbé*, DB 2001, S. 2362 (2362).

[53] *Weitnauer*, in: Weitnauer, Management Buy-Out, Teil A Rn. 22; *Beisel*, in:
Beisel/Klumpp, Der Unternehmenskauf, S. 259; *Kirchmeier*, Management-

Tilgung des Darlehens kann in diesem Fall durch Ausschüttungen der Zielgesellschaft an die Manager erfolgen. Dieses Modell der Übernahme findet in der Praxis wohl eher selten Anwendung, weil die meisten dieser MBOs kränkelnde Unternehmen betreffen und die Manager die persönliche Haftung für die Kredite scheuen. Diese Form der Übernahme eignet sich bestenfalls bei kleineren Unternehmen.[54]

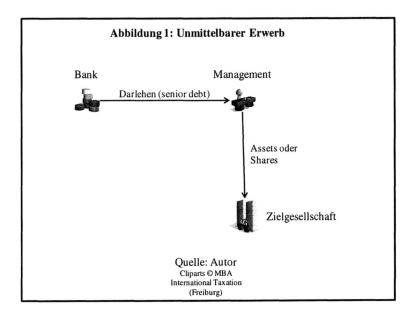

Abbildung 1: Unmittelbarer Erwerb

Bank　　　　　　　　　　Management

Darlehen (senior debt)

Assets oder
Shares

Zielgesellschaft

Quelle: Autor
Cliparts © MBA
International Taxation
(Freiburg)

3.1.2. Mittelbarer Erwerb des Managements durch eine NewCo

Das zweite Modell, das sich in der Praxis durchgesetzt hat, ist die Übernahme der Zielgesellschaft durch Zwischenschaltung einer eigens für den Erwerb der Zielgesellschaft gegründeten NewCo, an der neben dem Management evtl. auch die Kreditgeber beteiligt

---

Buy-Out im Steuerrecht, S. 31; *Schwedhelm*, in: Streck, KStG, § 8 Anm. 150 unter dem Stichwort „Management Buy-Out".

[54] *Weitnauer*, in: Weitnauer, Management Buy-Out, S. 10; *Hensel/Merz* in: Lütjen, Management Buy-Out, S. 169; *Raupach/Weiss*, in: Hölters, Handbuch des Unternehmens- und Beteiligungskaufs, S. 334.

sind.[55] Diese NewCo, die im Rahmen des MBO gegründet wird und eine Beschränkung der Haftung mit sich bringt, tritt dann als Käuferin des zu veräußernden Unternehmens auf.[56] Der einzige Zweck dieses so genannten Akquisitionsvehikels ist also der Erwerb des Zielunternehmens.[57] Damit nimmt diese NewCo auch das Darlehen auf, das erforderlich ist, um den Kaufpreis finanzieren zu können (**vgl. Abb. 2**).[58]

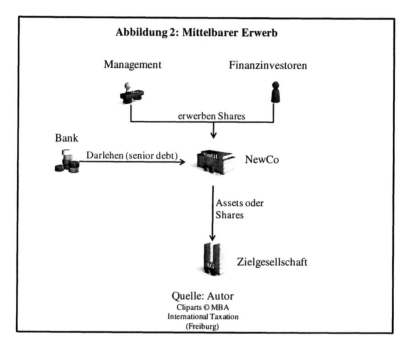

Abbildung 2: Mittelbarer Erwerb

Management   Finanzinvestoren

erwerben Shares

Bank

Darlehen (senior debt)   NewCo

Assets oder Shares

Zielgesellschaft

Quelle: Autor
Cliparts © MBA
International Taxation
(Freiburg)

3.1.2.1. Gründung der NewCo

In der Konstellation ohne Beteiligung eines Finanzinvestors wird die Gesellschaft alleine durch das Management gegründet.[59] Das zwi-

55   *Holzapfel/Pöllath*, Unternehmenskauf in Recht und Praxis, S. 319.
56   *Labbé*, DB 2001, S. 2362 (2362); *Weitnauer*, in: Weitnauer, Management Buy-Out, S. 9; *Kirchmeier*, Management-Buy-Out im Steuerrecht, S. 31.
57   *Rhein*, Der Interessenkonflikt der Manager beim Management Buy-Out, S. 10.
58   *Stiller*, BB 2002, S. 2622 (2619).
59   *Kreft*, Ausgewählte Problembereiche des § 8 a KstG n. F. bei fremdfinanzierten Buy-Out-Transaktionen, BB 2004, S. 1192 (1191); *Jepsen*, Die Entlohnung des

schengeschaltete Akquisitionsvehikel, die NewCo, ist regelmäßig, um eine gewerbliche Mitunternehmerschaft auf dieser Ebene zu vermeiden, keine Personen-, sondern eine Kapitalgesellschaft.[60] In Deutschland kommen die Rechtsformen der Gesellschaft mit beschränkter Haftung (GmbH) und die Aktiengesellschaft (AG) in Betracht. Im Regelfall wird eine GmbH als Akquisitionsvehikel dienen.[61] Die GmbH erhält gegenüber der AG den Vorzug, weil sie mangels Kapitalmarktrelevanz nicht der gesetzlichen Formstrenge einer AG (Kompetenzen der Organe etc.) unterliegt und im Innenverhältnis von größerer Vertragsfreiheit geprägt ist.[62] Sie stellt die flexiblere Rechtsform dar.

Dies gilt auch dann, wenn die Beteiligten nach Durchführung und Refinanzierung des MBO entscheiden, dass der Exit durch einen IPO erfolgen soll. Die Tatsache, dass die GmbH nicht börsenfähig ist, stellt kein Problem dar, denn eine GmbH kann in eine börsenfähige AG relativ unproblematisch umgewandelt werden.[63]

Das Akquisitionsvehikel sollte spätestens zum Signing, dem tatsächlichen Abschluss des Akquisitionsvertrages, endgültig entstanden, d. h. im Handelsregister eingetragen sein. Zwar ist die Vor-GmbH auch schon vor diesem Zeitpunkt handlungsfähig nach § 11 GmbHG, aber die beschränkte Haftung der Gesellschafter tritt erst mit Eintragung in das Handelsregister gem. § 13 Abs. 1 GmbHG ein. Will man diesen Zeitraum zwischen Gründung und Eintragung verkürzen, bietet es sich an, eine schon gegründete Vorratsgesellschaft[64] zu verwenden, die rechtzeitig zur Übernahme zur Verfügung steht, was einen weiteren Vorteil der GmbH darstellt.[65]

---

[60] Managements beim (Leveraged) Management Buy-Out, S. 185.

[61] *Thies*, M & A 2003, S. 482 (479); *Hohaus/Inhester*, DStR 2003, S. 1765.

[62] *Weitnauer*, in: Weitnauer, Management Buy-Out, S. 170.

[63] *Hueck/Fastrich*, in: Baumbach/Hueck, GmbH-Gesetz, Einl. Rn. 20.

      Die Umwandlung erfolgt nach §§ 190, 238 ff. UmwG durch Rechtsformwechsel.

[64] So genannte Shelf Companies.

[65] Eine Vorratsgesellschaft ist eine GmbH, deren Unternehmensgegenstand erst später bei Bedarf, unter Umständen durch Dritte, nach Anteilsübertragung bestimmt werden soll; zur Vorratsgründung: *Hueck/Fastrich*, in: Baumbach/ Hueck, GmbHG, § 3 Rn. 11.

3.1.2.2. Erwerb der Zielgesellschaft

Der Erwerb des Unternehmens durch die eigens zu diesem Zweck gegründete NewCo kann auf zwei verschiedene Arten erfolgen. Die beiden Formen der Durchführung des Management Buy-Outs sind der Share Deal und der Asset Deal.[66] Zwischen diesen beiden Arten von Unternehmensübertragungen bestehen in rechtlicher Hinsicht grundsätzliche Unterschiede.[67] Im nachfolgenden Teil sollen diese beiden Übertragungsarten beim MBO näher erläutert und dargestellt werden, wann welche Übertragungsart angebracht ist. Auf die steuerliche Behandlung der Übernahmeformen wird später eingegangen.[68] Eine Sonderform, eine Unternehmensübernahme durch einen MBO durchzuführen, ist die Übernahme börsennotierter Unternehmen nach den Bestimmungen des Wertpapiererwerbs- und Übernahmegesetzes (WpÜG).[69] Auf diese Übernahmeform wird in dieser Arbeit jedoch wegen der mit ihr verbundenen eigenen Komplexität nicht näher eingegangen.

3.1.2.2.1. Erwerb durch Asset Deal

Bei der Variante des Asset Deals (Vermögenserwerb) erwirbt die NewCo, an der das Management beteiligt ist, einen Teil oder das ganze Unternehmen der Zielgesellschaft. Es handelt sich um einen Erwerb von Vermögensgegenständen durch Einzelrechtsnachfolge, bei dem das Unternehmen selbst Kaufgegenstand und Verkäufer ist.[70] Dabei müssen sämtliche Gegenstände des Unternehmens, die Gegenstand des Buy-Outs werden sollen, in einer dem Bestimmtheitsgebot genügenden Art und Weise konkretisiert werden.[71] Aus vertragsrechtlicher Sicht ist die Übertragungsart deshalb umfang-

---

66 *Rhein*, Der Interessenkonflikt der Manager beim Management Buy-Out, S. 10.
67 *Ek/von Hoyenberg*, Unternehmenskauf und –verkauf, S. 2.
68 Unter 4.1.
69 *Ek/von Hoyenberg*, Unternehmenskauf und –verkauf, S. 3.
70 *Stiller*, BB 2002, S. 2619 (2619); *Rhein*, Der Interessenkonflikt der Manager beim Management Buy-Out, S. 10; *Herfort*, Besteuerung von Management-Buy-Outs in der Bundesrepublik Deutschland, S. 183; *Hensel/Merz*, in: Lütjen, Management Buy-Out, S. 176; *Picot*, in: Picot, Unternehmenskauf und Restrukturierung, S. 217.
71 Rechtsgrundlage des Asset Deals sind §§ 433 ff., 873 ff., 929 ff. BGB; *Palandt/Weidenkaff*, BGB, § 453 Rn. 7, vor § 929 Rn. 1 ff.; *Quack*, in: MüKo, BGB, § 929 Rn. 43.

reich. Oft lassen sich nicht sämtliche Vermögensgegenstände ausreichend ermitteln und definieren. Diesem Problem kann jedoch mittels einer so genannten Catch-All-Klausel abgeholfen werden. Eine solche Klausel sieht vor, dass alle Vermögensgegenstände des Anlage- und Umlaufvermögens usw., die zum Übertragungsstichtag zum Unternehmen gehören, auch soweit sie nicht ausdrücklich im Vertrag aufgeführt sind, verkauft werden.[72]

Als Asset Deal wird auch der Erwerb sämtlicher Anteile an einer Personengesellschaft bezeichnet. Da durch diesen Erwerb die New-Co alleinige Gesellschafterin wird, erlischt die Personengesellschaft und sämtliche Aktiva und Passiva gehen ohne weiteres im Wege der Anwachsung auf die NewCo nach § 738 Abs. 1 S. 1 BGB über.[73] Anders ist dies allerdings dann, wenn die Personengesellschaft bestehen bleibt, weil eine Kapitalgesellschaft an der Personengesellschaft z. B. als Komplementärin beteiligt ist und die NewCo die Kommanditanteile und die Anteile an der Komplementärin erwirbt (Anteilserwerb bei einer GmbH & Co. KG).

Ein Asset Deal kommt bei einem MBO vor allem dann in Betracht, wenn der zu übernehmende Betrieb unselbständiger Teil der Zielgesellschaft ist. Dann ist der Asset Deal das geeignete Instrument, um eine selektive Übertragung des Unternehmens vorzunehmen.[74] Auch beim Asset Deal sind Zustimmungspflichten der Gesellschafter der Zielgesellschaft zu beachten, da in der Regel größere Teile des Unternehmens veräußert werden und hierdurch in den Bestand des Unternehmens eingegriffen wird. Handelt es sich bei der Zielgesellschaft z. B. um eine AG und wird deren Vermögen ganz oder im Wesentlichen im Wege des Asset Deals veräußert, so ist die Zustimmung der Hauptversammlung nach § 179 a AktG analog einzuholen.[75]

Der Asset Deal hat gegenüber dem Share Deal einen wesentlichen Vorteil. Die NewCo, die als Darlehensnehmerin auftritt, muss der Bank zur Absicherung möglichst einen direkten Zugriff auf die er-

---

[72] *Stiller*, BB 2002, S. 2623 (2619).
[73] *Palandt/Sprau*, BGB, § 738 Rn. 1 ff.
[74] *Povaly*, Private Equity Exits, S. 221; *Kirchmeier*, Management-Buy-Outs im Steuerrecht, S. 29.
[75] *Rhein*, Der Interessenkoflikt der Manager beim Management Buy-Out, S. 10.

worbenen Vermögensgegenstände durch Sicherungsübereignung und Verpfändung ermöglichen.[76] Ferner muss die NewCo sicherstellen, dass der Cash Flow die Zinsen tilgt. Im Fall des Asset Deal gibt es hier im Gegensatz zum Share Deal, bei dem die Zielgesellschaft als Rechtsperson selbständig bleibt, keine Hindernisse, da die erworbenen Assets unmittelbar auf die NewCo übergehen und den Banken und der NewCo somit der unmittelbare Zugriff auf Sicherheiten und Cash Flow gewährleistet ist.

3.1.2.2.2. Erwerb von Beteiligungen

Der Beteiligungserwerb ist dadurch gekennzeichnet, dass Kaufgegenstand nicht die Vermögensgegenstände des durch den Buy-Out zu übernehmenden Unternehmens sind, sondern die Beteiligungen der Gesellschafter der Zielgesellschaft, d. h. der Unternehmensträger der Zielgesellschaft wird erworben.[77] Damit wird der MBO bei einem Anteilserwerb dadurch ausgeführt, dass die Geschäftsanteile einer GmbH oder die Aktien einer Aktiengesellschaft (Share Deal) bzw. die Beteiligungen einer Personengesellschaft und der/den an ihr beteiligten Kapitalgesellschaft(en) auf die NewCo übertragen werden.[78]

Durch die 100%-ige Übernahme wird die Zielgesellschaft zur Tochtergesellschaft der NewCo. Aufgrund dieses Mutter – Tochterverhältnisses ist die Muttergesellschaft, d. h. die NewCo, auf regelmäßige Ausschüttungen von Dividenden bzw. Auszahlungen von Gewinnen der Tochtergesellschaft angewiesen, um den Akquisitionskredit tilgen zu können. Die Ausschüttungen werden oft aber zu gering sein, um der NewCo zu den Zins- und Tilgungsterminen genügend Geld zur Verfügung zu stellen; handelt es sich bei der Zielgesellschaft um eine Personengesellschaft, sind deren Gewinne um die Gewerbesteuer, handelt es sich um eine GmbH oder AG, sind die Ausschüttungen um die Gewerbe- und/oder Körperschaftsteuer auf der Ebene der Zielgesellschaft gemindert, da diese trotz 100%-iger

---

[76] *Stiller*, BB 2002, S. 2623 (2619).

[77] *Povaly*, Private Equity Exits, S. 219; *Rhein*, Der Interessenkonflikt der Manager beim Management Buy-Out, S. 11; *Hensel/Merz,* in: Lütjen, Management Buy-Out, S. 171.

[78] *Ek/von Hoyenberg*, Unternehmenskauf und –verkauf, S. 2.

Übernahme selbständig steuerpflichtig bleibt.[79] Die Zinszahlungen können im letzteren Fall auch mit den Dividenden steuerlich nicht verrechnet werden, da die Dividenden der Zielgesellschaft auf der Ebene der NewCo nach § 8b Abs. 1 Satz 1, Abs. 5 Satz 1 KStG zu 95% steuerfrei sind. Da die NewCo bei der Rückzahlung des erstrangigen Fremdkapitals auf die Ausschüttungen der Zielgesellschaft angewiesen ist[80], sind in der Praxis Lösungsansätze entwickelt worden, die nachfolgend erläutert werden.

3.1.2.3. Schicksal der Zielgesellschaft

Als Gestaltungsoptionen kommen die Verschmelzung der Zielgesellschaft auf die NewCo in Betracht sowie die Fortexistenz der Zielgesellschaft und der Abschluss eines Gewinnabführungs- oder Beherrschungsvertrages mit der NewCo. Daneben bietet sich der Verkauf sämtlicher Assets mit darauf folgender Liquidation der Zielgesellschaft an.

3.1.2.3.1. Verschmelzung einer Zielkapitalgesellschaft auf die NewCo

Die Verschmelzung der NewCo und einer Zielkapitalgesellschaft ist grundsätzlich auf zwei Wegen zu erreichen.[81] Zum einen kann die Zielgesellschaft *upstream* auf die NewCo, zum anderen kann die NewCo *downstream* auf die Zielgesellschaft verschmolzen werden. Handelt es sich bei der Zielgesellschaft um eine GmbH oder AG, ist die Verschmelzung nach §§ 2 Nr. 1, 3 Abs. 1 Nr. 2 UmwG zulässig und richtet sich nach §§ 4 ff., 46 ff., 60 ff. UmwG. Durch die Gesamtrechtsnachfolge bei der Verschmelzung (§ 20 UmwG) fällt eine aufwendige Einzelrechtsübertragung weg.

Der *Upstream Merger* bietet sich an, wenn es sich bei der Zielgesellschaft nach der Übernahme um eine 100%-ige Tochter der NewCo handelt.[82] Die Zielgesellschaft erlischt sodann und alle Wirtschaftsgüter und Verbindlichkeiten gehen ohne weiteres auf die NewCo über. Diese hat nach § 24 UmwG ein Bewertungswahlrecht, ob es

---

[79] *Stiller*, BB 2002, S. 2622 (2619).

[80] *Stiller*, BB 2002, S. 2622 (2619).

[81] *Herfort*, Besteuerung von Management-Buy-Outs in der Bundesrepublik Deutschland, S. 236.

[82] *Rhein*, Der Interessenkonflikt der Manager beim Management Buy-out, S. 12.

die Wirtschaftsgüter der Zielgesellschaft mit dem Verkehrswert oder dem Buchwert bewerten möchte. Als Gegenleistung für den Übergang dürfen den Gesellschaftern der NewCo allerdings keine neuen Anteile angeboten werden, da der NewCo nicht mehr an Vermögen zugeführt wird, als sie vorher schon aufgrund ihrer Anteile an der Zielgesellschaft besessen hat.[83]

Beim *Downstream Merger* gehen ebenfalls die Wirtschaftsgüter und Verbindlichkeiten der NewCo ohne weiteres auf die Zielgesellschaft über. Den Gesellschaftern der NewCo müssen als Gegenleistung keine neuen Anteile an der Zielgesellschaft gewährt werden; es genügt, wenn die Anteile, die die NewCo an der Zielgesellschaft erworben hat und die ansonsten zu eigenen Anteilen der Zielgesellschaft würden, an die Gesellschafter der NewCo nach § 20 Abs. 1 Nr. 3 UmwG i. V. m. §§ 54 Abs. 1 S. 2, 68 Abs. 1 S. 2 UmwG ausgekehrt werden. In gesellschaftsrechtlicher Hinsicht sind ferner die Kapitalerhaltungsvorschriften der §§ 30 Abs. 1 GmbHG, 57 AktG zu beachten. Diese Vorschriften werden dann nicht eingehalten, wenn die Aktiva der Zielgesellschaft abzüglich der Passiva aufgrund der Verschmelzung nicht mehr das Stammkapital decken. Dieser Fall kann durch eine Verschmelzung der NewCo auf die Zielgesellschaft eintreten, wenn das Fremdkapital der NewCo aufgrund der Finanzierung wesentlich höher ist als das Eigenkapital der Zielgesellschaft.[84] Deshalb ist beim *Downstream Merger* darauf zu achten, dass die freien Rücklagen der Zielgesellschaft das Fremdkapital der NewCo decken. Vorteilhaft ist der *Downstream Merger* gegenüber dem *Upstream Merger* jedoch, wenn die Zielgesellschaft über Grundbesitz verfügt. Durch den *Downstream Merger* wird keine Grunderwerbsteuer nach § 1 Abs. 1 Nr. 3 GrEStG ausgelöst, da die Grundstücke nicht ihren Rechtsträger wechseln.

3.1.2.3.2.   Zielgesellschaft als Personengesellschaft

Handelt es sich bei der Zielgesellschaft nicht um eine Kapitalgesellschaft, sondern um eine Personengesellschaft, stehen zwei Varianten

---

[83]   §§ 54 Abs. 1 S. 1, 68 Abs. 1 S. 1 UmwG.
[84]   Der Übergang der Verbindlichkeiten führt zu Aufwand für die Zielgesellschaft, vgl. *Haritz*, in: Semler/Stengel, UmwG, § 24 Rn. 48 ff.

zu Verfügung, die Umstrukturierung nach dem Erwerb durchzuführen. Ist die Personengesellschaft nach dem Erwerb der Beteiligung noch existent, weil es sich z. B. um eine GmbH & Co. KG handelt und die Personengesellschaft nicht schon durch den Erwerb erloschen ist[85], besteht die erste Möglichkeit darin, die Rechtsfolge der Anwachsung des Vermögens an die NewCo noch nachträglich herbeizuführen. In den meisten Fällen wird es sich um eine GmbH & Co. KG handeln, bei der die Komplementär-GmbH vermögensmäßig nicht an der KG beteiligt ist. In diesen Fällen lässt sich die Anwachsung auch dadurch herbeiführen, dass nach Erwerb sämtlicher Anteile an der Komplementär-GmbH und der KG seitens der Zielgesellschaft[86] die Komplementär-GmbH aus der KG entschädigungslos austritt und die Zielgesellschaft alleinige Gesellschafterin wird. Aufgrund der Vereinigung sämtlicher Anteile in einer Hand erlischt die Personengesellschaft und ihr Vermögen geht ohne weiteres auf die NewCo im Wege der Anwachsung nach § 738 Abs. 1 S. 1 BGB über. Aufwendige Einzelrechtsübertragungen sind nicht mehr erforderlich.[87] Neben einem niedrigeren Aufwand stehen auch niedrigere Kosten im Vordergrund dieser Übertragungsart. Ist die Komplementär-GmbH dagegen am Vermögen der KG beteiligt, lässt sich dieses Ergebnis durch Verschmelzung der Komplementär-GmbH auf die NewCo erreichen, da auch hierdurch die NewCo alleinige Gesellschafterin der Personengesellschaft wird. Die zweite Variante, die Personengesellschaft auf die NewCo zu übertragen, ist die Verschmelzung der Personengesellschaft selbst mit der NewCo nach §§ 4 ff., 39 ff. UmwG. Bei dieser Übertragungsart sind sowohl die hohen Kosten aufgrund der Beurkundung des Verschmelzungsvertrages[88] als auch das aufwendigere Verfahren nachteilig gegenüber der Anwachsungslösung.

---

[85] Unter 3.1.2.2.1.

[86] *Otto*, in: Assmann/Schütze, Handbuch des Kapitalanlagerechts, S. 1110.

[87] Bei einer Einzelrechtsübertagung wären Übertragungsakte durch Einigung und Übergang nach § 929 BGB oder evtl. durch Auflassung nach §§ 873, 925 BGB erforderlich gewesen.

[88] Gebühren richten sich nach der Bilanzsumme der Zielgesellschaft (nicht etwa nur der Komplementär-GmbH).

3.1.2.3.3. Verkauf der Assets und Liquidation

Die Gestaltungsoption des Verkaufs sämtlicher Assets und der darauf folgenden Liquidation kann unter Umständen ebenfalls für den MBO in Betracht kommen.[89] Bei dieser Variante erwirbt die NewCo nach dem Share Deal alle Aktiva und Passiva der Zielgesellschaft. Diesen Veräußerungsgewinn schüttet die Zielgesellschaft sodann an die NewCo voll aus. Im Anschluss an diese Maßnahme wird die Zielgesellschaft, die dann nur noch eine leere Hülle ist, liquidiert.[90] Diese Prozedur hat gegenüber einer Verschmelzung allerdings den Nachteil, dass die Assets der Zielgesellschaft im Wege der Einzelrechtsnachfolge erworben werden müssen.

3.1.2.3.4. Gewinnabführungsvertrag mit einer Zielkapitalgesellschaft

Dieses Modell, das in der Praxis auch als Organschaftsmodell bezeichnet wird, beabsichtigt hauptsächlich die steuerliche Konsolidierung.[91] Denn durch eine steuerliche Organschaft können das Einkommen der Zielgesellschaft und die Zinsaufwendungen auf der Ebene der NewCo miteinander verrechnet werden, weil NewCo und Zielgesellschaft sowohl in gewerbe- als auch körperschaftsteuerlicher Hinsicht gem. §§ 14 ff. KStG, § 2 Abs. 2 S. 2 GewStG als eine Einheit behandelt werden.[92] Damit die Beziehung zwischen NewCo und der Zielgesellschaft als Organschaft anerkannt wird, ist erforderlich, dass

- die NewCo seit Beginn des Wirtschaftsjahres der Zielgesellschaft, in der Rechtsform einer Kapitalgesellschaft, die Mehrheit der Stimmrechte an dieser hält, weshalb viele Unternehmen vor dem MBO ihr Geschäftsjahr ändern, um

[89] Dieses Modell wird auch als Kombiniations- oder Roll-Over-Modell bezeichnet; zur steuerrechtlichen Behandlung unter 4.1.3.1.

[90] *Rhein*, Interessenkonflikt der Manager beim Management Buy-out, S. 12; *Kirchmeier*, Management-Buy-Out im Steuerrecht, S. 34.

[91] *Thies*, M & A 2003, S. 481 (479); zur steuerrechtlichen Behandlung unter 4.1.3.1.

[92] *Von Braunschweig*, Aktuelles zu LBO-Bankfinanzierungen, M & A 2004, S. 254 (253); *Kirchmeier*, Management-Buy-Out im Steuerrecht, S. 37; *Otto*, in: Assmann/Schütze, Handbuch des Kapitalanlagerechts, S. 1108.

das Wirtschaftsjahr mit dem Erwerbsstichtag gleich-
zuschalten,[93]

- zwischen den beiden Beteiligten ein Gewinnabführungsvertrag abgeschlossen wird, dessen Laufzeit
  mindestens 5 Jahre betragen muss, und durch den sich die
  Zielgesellschaft verpflichtet, ihren gesamten Gewinn an die
  NewCo auszuschütten, und

- der Vertrag rechtzeitig vor dem Schluss des ersten
  Wirtschaftsjahres im Handelsregister eingetragen wird, für
  das der Vertrag erstmals gelten soll.

Nachteilhaft bei dieser Gestaltung ist, dass nur eine steuerliche Konsolidierung stattfindet, jedoch die Zielgesellschaft gesellschaftsrecht-
lich selbständig bleibt. Lediglich die mit dem Cash Flow, nicht aber
die mit der Besicherung verbundenen Probleme werden hierdurch
gelöst.

3.1.2.4. Finanzierung

Der Kaufpreis bei einem MBO kann je nach Akquisitionsstruktur auf
drei verschiedene Arten finanziert werden, nämlich durch Eigenkapital, Fremdkapital und Mezzanine (**vgl. Abb. 3**).[94] Diese drei Finanzierungsformen werden im Regelfall miteinander kombiniert.[95] Im
Folgenden soll auf die drei Finanzierungsinstrumente näher eingegangen werden.

---

[93] *Bogenschütz,* in: Herzig, Organschaft, S. 228; *Von Braunschweig,* M & A 2004,
      S. 254 (253).
[94] *Frommann,* in: Lütjen, Management Buy-Out, S. 124.
[95] *Schiffer,* Planung von Management-Buy-Outs, S. 178; *Herfort,* Besteuerung
      von Management-Buy-Outs in der Bundesrepublik Deutschland, S. 89.

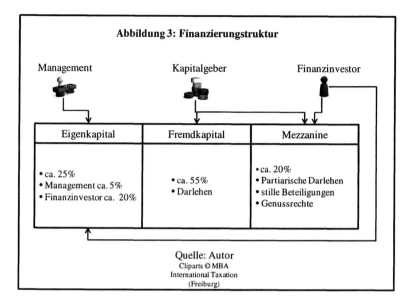

Abbildung 3: Finanzierungstruktur

Management	Kapitalgeber	Finanzinvestor

Eigenkapital	Fremdkapital	Mezzanine
• ca. 25% • Management ca. 5% • Finanzinvestor ca. 20%	• ca. 55% • Darlehen	• ca. 20% • Partiarische Darlehen • stille Beteiligungen • Genussrechte

Quelle: Autor
Cliparts © MBA
International Taxation
(Freiburg)

3.1.2.4.1. Eigenkapital

Dass ein MBO komplett durch Eigenkapital finanziert wird, ist sehr unwahrscheinlich; nur ein Teil der Finanzierung besteht i. d. R. aus Eigenkapital, das in die NewCo eingebracht wird, um unter anderem den Leverage-Effekt zu nutzen.[96] Die Eigenkapitalbeteiligung leisten die Mitglieder des Managements oft durch ihre Jahresgehälter, wobei je nach Höhe ein bis drei Jahresgehälter anfallen.[97] Dadurch zeigt das Management, dass es hinter dem Konzept der Übernahme steht, d. h. die Beteiligung hat eine gewisse Anreizfunktion für weitere Kapitalgeber. Das Management sollte dennoch darauf achten, dass es nicht zu viele Eigenmittel einbringt,[98] denn die Eigenkapitalbeteiligung ist auch wegen der geringen Fungibilität, der langfristigen Mittelbindung und der vollen Haftung das risikoreichste der drei Finanzierungsinstrumente.

---

[96] *Beitmann*, in: Weitnauer, Management Buy-Out, S. 106; *Jepsen*, Die Entlohnung des Managements beim (Leveraged) Management Buy-Out, S. 26.

[97] *Schiffer*, Planung von Management-Buy-Outs, S. 179.

[98] *Frommann,* in: Lütjen, Management Buy-Outs, S. 129.

3.1.2.4.2. Fremdkapital

Der größte Teil der Finanzierung erfolgt durch Fremdkapital; im Regelfall bildet es mehr als 50% des Finanzierungsbedarfs. Dabei handelt es sich um typisches erstrangiges bzw. vorrangiges Fremdkapital, welches im Fall der Liquidation des Unternehmens an erster Stelle zu bedienen ist.[99] Erstrangiges Fremdkapital wird im Rahmen von MBOs hauptsächlich in Form von Bankdarlehen gewährt, die auch als Senior-Darlehen bzw. *senior debt* bezeichnet werden.[100] Als Sicherheit für das Bankdarlehen dienen vorwiegend die Aktiva der Zielgesellschaft und oder die Kapitalanteile an dieser.[101] Reichen die Aktiva und die Kapitalanteile nicht aus, wird der Cash Flow der Zielgesellschaft als Sicherheit angeboten. Die so besicherten Kredite sind mit einem relativ niedrigem Zinssatz versehen und langfristig ausgestaltet.

Handelt es sich bei der Zielgesellschaft um eine GmbH oder AG und werden nicht nur die Geschäftsanteile an der Zielgesellschaft, sondern auch deren Anlagevermögen für das Darlehen der NewCo beliehen oder verpfändet (so genannte *Upstream*-Besicherung[102]), sind die rechtlichen Grenzen der §§ 30 GmbHG, 57 AktG zu beachten.[103] Die Besicherung und die Verpfändung können dann gegen diese Vorschriften verstoßen, wenn im Ernstfall, d. h. wenn die NewCo das Darlehen nicht zurückzahlen kann, die Wirtschaftsgüter der Zielgesellschaft für das Darlehen der NewCo eingesetzt werden müssen und der Verlust dieser Wirtschaftsgüter das zur Erhaltung des Stamm- oder Grundkapitals erforderliche Gesellschaftsvermögens mangels entsprechend hoher freier Gewinn- oder Kapitalrücklagen schmälert. Strittig ist, ab welchem Zeitpunkt von einem solchen Verstoß, d. h. einer verbotenen Rückzahlung mit der Folge der sofortigen Erstattungsverpflichtung seitens der Gesellschaf-

---

[99]   *Werbik*, Management-Buy-Out, S. 24; *Frommann*, in: Lütjen, Management Buy-Out, S. 124.

[100] *Schiffer*, Planung von Management Buy-Outs, S. 170; *Beitmann*, in: Weitnauer, Management Buy-Out, S. 107; *Kirchmeier*, Management-Buy-Out im Steuerrecht, S. 25.

[101] *Jepsen*, Die Entlohnung des Managements beim (Leveraged) Management Buy-Out, S. 24; *Sattler/Jursch/Pegels*, Unternehmenskauf und Anteilserwerb durch Management-Buy-Out/-Buy-In, S. 37.

[102] *Von Braunschweig*, M & A 2004, S. 257 (253).

[103] *Picot*, in: Picot, Unternehmenskauf und Restrukturierung, S. 219.

ter/Aktionäre und der Geschäftsführer/des Vorstandes (§§ 31 Abs. 1, 6 GmbHG; §§ 62 Abs. 1, 93 Abs. 1, 3 AktG), auszugehen ist. Teilweise wird angenommen, ein Verstoß liege bereits bei der Verpfändung vor; überwiegend wird ein Verstoß aber erst dann angenommen, wenn die Rückzahlung des Darlehens durch die NewCo nicht mehr gesichert und ein Rückgriff gegen die NewCo wenig aussichtsreich ist.[104]

Daneben gibt es aber auch noch unbesicherte Kredite, welche nach einer eingehenden Prüfung der Finanzkennzahlen vergeben werden und an gewisse Bedingungen (so genannte Covenants wie Zinsdeckungsgrad, Cash Flow Deckungsgrad, Nettoverschuldungsgrad, Höhe der autorisierten Investitionen p. a., Grenzen für Geschäftsführergehälter) geknüpft sind.[105] Tilgung und Zinsen werden über den Cash Flow und den Verkaufserlös des Unternehmens nach dem Exit finanziert.[106]

3.1.2.4.3. Mezzanine Finanzierung

Das dritte Finanzierungsinstrument ist die Mezzanine Finanzierung.[107] In Deutschland hat sich eine kleinere Anzahl von Instrumenten von Mezzanine-Kapital durchgesetzt. Dazu zählen neben den Nachrangdarlehen (*subordinated debt*), die bei Liquidation oder Insolvenz aufgrund des Rangrücktritts nach dem Fremdkapital bedient werden und bei denen die Zinszahlung zur Liquiditätsschonung oft hinausgeschoben wird, insbesondere Genussrechte, stille Beteiligungen oder partiarische Darlehen.[108]

---

[104] *Hueck/Fastrich*, in: Baumbach/Hueck, GmbHG, § 30 GmbHG Rn. 27 f.; *Westermann* in: Scholz, GmbHG, § 30 Rn. 43 ff.; nach BGH, Urteil vom 18.6.2007, DB 2007, S. 1971 (1969) spätestens mit Beginn der Verwertung der Sicherheit.

[105] *Jakoby*, Erfolgsfaktoren von Management Buyouts in Deutschland, S. 263.

[106] *Frommann*, in: Lütjen, Management Buy-Out, S. 125.

[107] Mezzanine ist die italienische Bezeichnung für "Zwischengeschoss" und beschreibt alle finanziellen Mittel, die eine Zwischenstellung zwischen der Kredit- und der Beteiligungsfinanzierung einnehmen; *Jakoby*, Erfolgsfaktoren von Management Buyouts in Deutschland, S. 263; *Frank*, Für MBO, Wachstum und Unternehmensnachfolge, Unternehmeredition "Mezzanine 2007", S. 12 (12).

[108] *Frank*, Unternehmeredition „Mezzanine 2007", S. 14 (12); *Hölters*, in: Hölters, Handbuch des Unternehmens- und Beteiligungskaufs, S. 37; 2006 wurden Genussrechte/-scheine und Nachrangdarlehen mit 31,4% und 25, 7% am häufigsten verwendet; *Fleischhauer/Sauter*, Mezzanine-Finanzierung in Deutschland

Diese Finanzierungsform ist eine Art Zwischenform zwischen Eigen- und Fremdkapital und kommt dann zur Anwendung, wenn kein Eigenkapital mehr geleistet werden kann und die Kapitalgeber mangels Sicherheiten nicht mehr bereit sind, weitere Kredite zu geben.[109] M. a. W. handelt es sich dabei um eine hybride Finanzierungsart, bei der die Vorteile von Eigen- und Fremdkapital miteinander verbunden werden.[110] Durch ihren Bilanzausweis als Eigenkapital werden die Bilanzkennzahlen verbessert, mit der Folge, dass die Zielgesellschaft besser bewertet wird. Auf der anderen Seite behalten das Management und die restlichen Beteiligten ihre unternehmerische Freiheit, weil die Mezzanine-Kapitalgeber oft nur wenige oder keine Mitspracherechte verlangen.[111]

Im Fall der Liquidation hat Mezzanine Kapital gegenüber Fremdkapital zwar nachrangigen (*subordinated*), aber gegenüber dem voll haftenden Eigenkapital vorrangigen Charakter, d. h. bei Liquidation des Unternehmens werden die Mezzanine-Kapitalgeber vor den Eigenkapitalgebern bedient, aber nach den Kapitalgebern erstrangigen Fremdkapitals, z. B. Bankkrediten. Aufgrund dieser Tatsache ist das Risiko für die Kapitalgeber bei dieser Finanzierungsform höher, weshalb die geforderte Rendite, welche i. d. R. zwischen 7 und 18% p. a. liegt, höher ist als bei erstrangigem Fremdkapital.[112] Diese Rendite setzt sich aus den eigentlichen Zinsen, die über den Zinsen für Fremdkapital liegen, sowie aus der Beteiligung an der Steigerung des Unternehmenswertes zusammen.[113] Dennoch kann die Mezzanine Form für das MBO-Unternehmen vorteilhafter sein, da die Tilgung erst nach fünf bis sieben Jahren beginnt oder erst am Ende der Laufzeit erfolgt und bis dahin nur Zinsen gezahlt werden müssen.[114] Ge-

---

– ein Milliardenmarkt, Unternehmeredition "Mezzanine 2007", S. 26 (20); *Golland/Gelhaar/Grossmann/Eickhoff-Kley/Jänisch*, Mezzanine-Kapital, BB-Special 4/2005, S. 23 f.

[109] *Jepsen*, Die Entlohnung des Managements beim (Leveraged) Management Buy-Out, S. 24.

[110] *Schiffer*, Planung von Management-Buy-Outs, S. 174.

[111] *Frank*, Unternehmeredition "Mezzanine 2007", S. 12 (12).

[112] *Schiffer*, Planung von Management-Buy-Outs, S. 174; *Jakoby*, Erfolgsfaktoren von Management Buyouts in Deutschland, S. 265; *Frank*, Unternehmeredition "Mezzanine 2007", S. 12 (12).

[113] *Beitmann*, in: Weitnauer, Management Buy-Out, S. 107.

[114] *Werbik*, Planung von Management-Buy-Outs, S. 24; *Kreft*, BB 2004, S. 1193 (1191).

genüber erstrangigem Fremdkapital hat Mezzanine-Kapital noch die Besonderheit, dass es i. d. R. unbesichert oder ggf. zweitrangig besichert zur Verfügung gestellt wird.[115]

Zusammengefasst lässt sich für Mezzanine Finanzierungsinstrumente beim MBO folgendes feststellen: Die Mezzanine Finanzierung eignet sich für einen MBO sehr gut, wenn das Management für den Kaufpreis der Zielgesellschaft zusätzlich Kapital benötigt, aber von den Banken kein erstrangiges Fremdkapital erhält. Ferner haben die Instrumente der Mezzanine Finanzierung gegenüber Fremdkapital den Vorteil, dass die Beteiligten in den ersten Jahren nach dem Buy-Out von der Zahlung fixer Zinsen größtenteils befreit sind, weil diese thesauriert werden.[116] Die Zahlung von Zinsen und die Tilgung erfolgen erst, wenn sich das übernommene Unternehmen stabilisiert hat und genug Liquidität vorhanden ist. Dadurch kann zunächst das vorrangige Fremdkapital bedient werden. M. a. W., Mezzanine-Kapital trägt zur Liquiditätsschonung bei.

Wird diese Finanzierungsform mit einem *equity kicker* versehen, der neben dem beim Mezzanine-Kapital hohen Zinssatz auch eine Teilnahme am Unternehmenswert vorsieht, wird der Kapitalgeber zum Finanzinvestor, der eine Beteiligung am Unternehmen anstrebt. Die damit verbundenen Gestaltungsmöglichkeiten werden daher nachfolgend im Zusammenhang mit der Beteiligung von Finanzinvestoren beschrieben.

3.2. Besonderheiten des Erwerbs unter Beteiligung von Finanzinvestoren

Erfolgt die Übernahme der Zielgesellschaft durch einen MBO, sind, wie ausgeführt, im Regelfall Finanzinvestoren an dem Buy-Out beteiligt. Die Erwerbsstruktur eines solchen MBO unterscheidet sich nicht wesentlich von der eines MBO ohne Beteiligung von Finanzinvestoren. Allerdings gibt es einige Besonderheiten auf der Ebene der Beteiligung an der NewCo, und zwar sowohl bei den Managern als auch bei den Finanzinvestoren, die zumeist Kapitalbeteiligungsge-

---

[115] *Schiffer*, Planung von Management-Buy-Outs, S. 174; *Frank*, Unternehmeredition "Mezzanine 2007", S. 13 (12).

[116] *Schiffer*, Planung von Management-Buy-Outs, S. 178.

sellschaften sind und sich sowohl offen als auch mezzanine beteiligen können.

3.2.1. Offene Beteiligung des Finanzinvestors

Bei der offenen Beteiligung ist der Finanzinvestor kapitalmäßig an der NewCo derart beteiligt, dass er Anteile an der Gesellschaft hält. Handelt es sich bei der NewCo um eine GmbH, hält der Finanzinvestor Geschäftsanteile gem. § 5 Abs. 3 GmbHG. Haben sich die Beteiligten entschieden, dass die Zielgesellschaft durch eine AG erworben wird, hält der Finanzinvestor Aktien gem. § 8 AktG. Der Finanzinvestor tritt bei dieser Beteiligungsform nach außen in Erscheinung wie die restlichen Gesellschafter und hat im Innenverhältnis dieselben Rechte und Pflichten.

3.2.2. Mezzanine Beteiligung des Finanzinvestors

Die zur Zeit große Bedeutung dieser Finanzierung bei MBOs zeigt sich darin, dass im Jahre 2006 12, 2% aller Mezzanine Finanzierungen MBOs betrafen.[117]
Diese Finanzierungsform wird von Finanzinvestoren häufig bevorzugt und, wie vorstehend ausgeführt, neben einer hohen Vergütung für die Kapitalüberlassung regelmäßig mit einem *equity kicker* versehen.[118] Über diesen *equity kicker* werden die Finanzinvestoren zusätzlich zur Basisverzinsung auch noch über die Steigerung des Unternehmenswertes vergütet.[119] Diese Partizipation ist meist als Option (*warrant*) oder Wandelrecht (*convertible bond*) auf den Bezug von Aktien oder Geschäftsanteilen ausgestaltet.[120] Durch den *equity kicker* wird dem Mezzanine-Geber Zugang zum Kapital der NewCo ermöglicht; er behält sich dadurch für den Fall eines erfolgreichen MBO die Übernahme einer Beteiligung an der Gesellschaft

---

[117] *Fleischhauer/Sauter*, Unternehmeredition "Mezzanine 2007", S. 24 (20).
[118] *Golland* u.a., BB-Special 4/2005, S. 28; *Jepsen*, Die Entlohnung des Managements beim (Leveraged) Management Buy-Out, S. 25; *Otto*, in: Assmann/Schütze, Handbuch des Kapitalanlagerechtgs, S. 1095.
[119] *Kreft*, BB 2004, S. 1193 (1191); *Frank*, Unternehmeredition "Mezzanine 2007", S. 13.
[120] *Jakoby*, Erfolgsfaktoren von Management Buyouts in Deutschland, S. 264; *Werbik*, Management-Buy-Out, S. 25.

vor.[121] Daneben ist noch eine am Unternehmenswert bemessene Einmalvergütung (*back ended fee*) möglich, welche der Kapitalgeber am Ende der Laufzeit erhält. In der Praxis kommt aber nicht nur eine Gewinnbeteiligung vor, sondern auch eine Verlustbeteiligung.

Aus Sicht der MBO-Initiatoren bietet die Mezzanine Finanzierung einen weiteren Vorteil. Wird die Finanzierung mit einem *equity kicker* ausgestaltet, wird diese Vergütung der Investoren erst am Ende mit Wertsteigerung des Unternehmens fällig. Deshalb können sich die Initiatoren zum Zeitpunkt des MBO aufgrund der Tatsache, dass die Wertsteigerung noch nicht fest steht, zu relativ günstigen Konditionen verschulden.[122]

Neben den bereits genannten Finanzinstrumenten spielen vor allem Wandel- und Optionsanleihen eine große Rolle für Finanzinvestoren. Die wichtigsten Instrumente sollen im Folgenden dargestellt werden.

3.2.2.1. Wandel- und Optionsanleihen

Die Finanzierungsform der Wandelanleihe (*convertible bond*) kommt insbesondere dann in Betracht, wenn es sich bei der NewCo von vornherein um eine AG handelt oder die NewCo im Zuge der Verschmelzung mit der Zielgesellschaft die Rechtsform der AG annimmt oder die Beteiligten nach fünf bis sieben Jahren den Exit über einen IPO beabsichtigen und beizeiten die NewCo in eine AG umwandeln. Wird dem Finanzinvestor eine Wandelanleihe an der NewCo eingeräumt, hat dieser das Recht auf Verzinsung und Rückzahlung zu einem späteren Zeitpunkt, meistens wenn die Gesellschaft Gewinn macht. Daneben hat der Inhaber der Wandelanleihe, der Finanzinvestor, – meist im Gegenzug zu einem Abschlag bei der Verzinsung – noch das Recht bzw. die Möglichkeit, statt Rückzahlung der Anleihe den Umtausch in Aktien oder Geschäftsanteile zu verlangen.[123] Der Inhaber bleibt bis zum Umtausch Gläubiger und wird nach dem Umtausch Aktionär oder Gesellschafter. Die Wan-

---

[121] *Beitmann*, in: Weitnauer, Management Buy-Out, S. 110; *Hölters*, in: Hölters, Handbuch des Unternehmens- und Beteiligungskaufs, S. 38.

[122] *Jakoby*, Erfolgsfaktoren von Management Buyouts in Deutschland, S. 266; zur steuerrechtlichen Gestaltung unter 4.3.2.

[123] *Lippe/Esemann/Tänzer*, Das Wissen für Bankkaufleute, S. 828; *Hüffer*, Aktiengesetz, § 221 Rn. 4; *Golland* u. a., BB-Special 4/2005, S. 25.

delanleihe ist daher für die Gesellschaft zunächst Fremdkapital und wird erst im Falle des Umtauschs Eigenkapital.

Ist der Finanzinvestor über eine Optionsanleihe (*warrant*) an der NewCo beteiligt, tritt er mit Ausübung des Rechts auf Bezug von Aktien in die Gesellschaft als Aktionär oder Gesellschafter ein.[124] Das Recht auf Verzinsung und Rückzahlung des in die NewCo eingelegten Kapitals bleibt unberührt. Für den Eintritt in die Gesellschaft hat er regelmäßig ein Aufgeld gezahlt.

3.2.2.2. Genussrechte

Eine weitere Gestaltungsoption für die Beteiligung des Finanzinvestors an dem MBO ist das Genussrecht. Das für Aktiengesellschaften typische Finanzierungsinstrument hat seine Rechtsgrundlage in §§ 160 Abs. 1 Nr. 6, 221 Abs. 3, 4 AktG. Genussrechte nehmen eine Zwischenstellung zwischen Anleihen und Aktien ein und können ebenfalls nachrangig nach anderen Kreditgebern, langfristig bis zur Liquidation des Unternehmens und sogar mit Verlustbeteiligung ausgestaltet sein.[125] Wählt der Finanzinvestor die Beteiligung über ein solches Genussrecht, steht ihm keine mitgliedschaftsrechtliche Position zu, sondern nur ein schuldrechtlicher Anspruch auf Gewinnbeteiligung.[126]

Obwohl es im Regelfall nur für Aktiengesellschaften üblich ist, können auch andere Rechtsformen Genussrechte ausgeben.[127]

Ausschüttung auf Genussrechte, die nur mit einer Gewinnbeteiligung verbunden sind, werden als Betriebsausgaben der NewCo angesehen und beim Finanzinvestor als Einkünfte aus Kapitalvermögen gem. § 20 Abs. 1 Nr. 7 EStG behandelt.

---

[124] *Picot/Müller-Eising*, in: Picot, Unternehmenskauf und Restrukturierung, S. 332; *Lippe/Esemann/Tänzer*, Das Wissen für Bankkaufleute, S. 830; *Hüffer*, Aktiengesetz, § 221 Rn. 6; *Golland* u. a., BB-Special 4/2005, S. 25.

[125] *Lippe/Esemann/Tänzer*, Das Wissen für Bankkaufleute, S. 827; *Golland* u. a., BB-Special, S. 26.

[126] *Weitnauer*, in: Weitnauer, Management Buy-Out, S. 157; *Frommann,* in: Lütjen, Management Buy-Out, S. 127; *Golland* u. a., BB-Special 4/2005,S. 24.

[127] *Otto*, in: Assmann/Schütze, Handbuch des Kapitalanlagerechts, S. 1096.

Das Genussrecht kann im Sinne eines *equity kickers* auch so ausgestaltet werden, dass es neben der Gewinnbeteiligung noch mit einer Beteiligung am Liquidationserlös verbunden ist. In diesem Fall muss steuerlich beachtet werden, dass die Ausschüttungen nicht das zu versteuernde Einkommen nach § 8 Abs. 3 S. 2 KStG mindern dürfen, also keine Betriebsausgaben sind. Sie werden wie Gewinnausschüttungen behandelt und stellen folglich nach dem Halbeinkünfteverfahren in Höhe von 50% zu versteuernde bzw. zu 95% steuerfreie Dividenden gem. §§ 20 Abs. 1 Nr. 1, 3 Nr. 40 lit. a, d EStG, § 8b Abs. 1, 3 KStG dar.

3.2.2.3. Partiarische Darlehen / Stille Beteiligung

Beteiligt sich der Finanzinvestor an der NewCo nicht durch eine Einlage, sondern gewährt er der Gesellschaft ein Darlehen, wofür ihm statt Zinszahlungen eine Gewinnbeteiligung eingeräumt wird, spricht man von partiarischen Darlehen.[128]
Bei der stillen Beteiligung ist der Finanzinvestor als Kapitalgeber am Handelsgewerbe der NewCo beteiligt.[129] Die stille Beteiligung ist in §§ 230 – 237 HGB geregelt. Nach § 230 I HGB ist Voraussetzung einer stillen Beteiligung, dass sich der stille Gesellschafter mit einer Vermögenseinlage beteiligt.

Ob eine stille Beteiligung oder ein partiarisches Darlehen vorliegt, kann in der Abgrenzung schwierig sein. Im Gegensatz zur stillen Beteiligung ist der Finanzinvestor beim partiarischen Darlehen nie am Verlust beteiligt, ihm werden keine Überwachungs- und Zustimmungsrechte eingeräumt und er verfolgt keinen gemeinsamen Zweck mit den anderen Inhabern des Handelsgewerbes, also dem Management.[130] Deshalb hat das partiarische Darlehen stets Fremdkapitalcharakter.

Die typische stille Beteiligung stellt zwar wie das partiarische Darlehen eine bloße Kapitalüberlassung dar und hat ebenfalls Fremdkapitalcharakter. Das finanzierte Unternehmen, die NewCo, kann die

---

[128] *Holzapfel/Pöllath*, Unternehmenskauf in Recht und Praxis, S. 328.
[129] *Frommann,* in: Lütjen, Management Buy-Out, S. 127.
[130] *Frommann,* in: Lütjen, Management Buy-Out, S. 127.

Gewinnanteile steuerwirksam abziehen und beim stillen Beteiligten führen diese zu Kapitaleinkünften nach § 20 Abs. 1 Nr. 4 EStG.

Im Gegensatz dazu vermittelt aber die atypische stille Beteiligung nicht nur eine Teilhabe an Zinsen, sondern im Sinne eines *equity kickers* auch den Wertsteigerungen des Unternehmens während der Zeit der stillen Beteiligung. Gewinnanteile sind in diesem Fall nicht als Betriebsausgaben abzugsfähig, sondern bei der NewCo (§ 8 Abs. 3 S. 2 KStG) und beim Finanzinvestor (§ 20 Abs. 1 Nr. 1 EStG) wie Dividenden zu behandeln.

3.2.3. Beteiligung der Manager

Die Manager können ihre Beteiligung von den Finanzinvestoren kaufen oder – was üblicher ist – im Rahmen der Gründung oder einer Kapitalerhöhung der NewCo als neue Anteile übernehmen. Die Beteiligung der Manager an der NewCo erfolgt häufig zu einem niedrigeren Wert als den Verkehrswert, oft auch nur zum Nominalwert, während der Finanzinvestor für dieselbe Beteiligung zusätzlich nach § 272 Abs. 2 Nr. 1 HGB ein Aufgeld in die Rücklage der NewCo leistet, das sich am Verkehrswert der Beteiligung orientiert. Der Verkehrswert wird, sofern der Börsenwert mangels Notierung nicht ermittelt werden kann, an dem Wert gemessen, den die Finanzinvestoren pro Eigenkapitaleinheit gezahlt haben, d.h. den Wert, den die NewCo für die Zielgesellschaft unter Berücksichtigung der Fremdfinanzierung des Kaufpreises aufgebracht hat. Im Gegenzug werden die Finanzinvestoren von ihnen regelmäßig Garantien zur Richtigkeit der Angaben in Due-Diligence-Berichten und zu sonstigen Umständen, die negative Auswirkungen auf den weiteren Geschäftsverlauf haben könnten, verlangen. Ferner werden die oben schon erwähnten Regelungen im MEP mit den Managern vereinbart.[131]

Bei Beteiligung einer größeren Anzahl von Managern ist es auch möglich, die Beteiligungen an der NewCo über einen Treuhänder, der die Beteiligungen „poolt", oder über eine eigens gegründete Kommanditgesellschaft zu bündeln.[132] Eine solche Lösung macht

---

[131]   *Hohaus/Inhester*, DStR 2003, S. 1765 (1765) und oben unter 2.1.3.
[132]   *Hohaus/Inhester*, DStR 2003, S. 1768 (1765).

aber nur dann Sinn, wenn eine einheitliche Willensbildung der Manager gegenüber den Finanzinvestoren in der NewCo gewollt ist.

4. Besteuerung des MBO

Nachdem die Akquisitionsstruktur eines MBOs einschließlich der Finanzierung dargestellt wurde, soll im Folgenden die Besteuerung des MBO sowie die steuerliche Optimierung des Erwerbsvorgangs, der laufenden Besteuerung und abschließend der Managementbeteiligung dargestellt werden.

4.1. Erwerb der Zielgesellschaft

Nachdem die NewCo durch das Management und die Kapitalgeber gegründet wurde, muss dieses die Zielgesellschaft durch eine der oben genannten Akquisitionsformen übernehmen.[133] Die Entscheidung des Managements, der Finanzinvestoren und des Verkäufers, welche Form der Übernahme gewählt werden soll, wird stark durch das Steuerrecht beeinflusst. Insbesondere wenn es sich bei der Zielgesellschaft um eine Kapitalgesellschaft handelt, ist es für den Verkäufer häufig günstiger, das Unternehmen im Wege des Beteiligungsverkaufs zu veräußern und von den Steuerermäßigungen des Halbeinkünfteverfahrens zu profitieren.[134] Für den Käufer hingegen macht i. d. R. ein Erwerb im Wege des Kaufs von Vermögensgegenständen aufgrund des Abschreibungspotentials Sinn, da er bestrebt sein wird, die von ihm im Kaufpreis bezahlten stillen Reserven einschließlich eines evtl. Geschäftswertes durch steuermindernde Abschreibungen in der Folgezeit geltend zu machen.[135]

4.1.1. Erwerb von Wirtschaftsgütern durch Asset Deal

Bei dem Erwerb einzelner oder sämtlicher Vermögensgegenstände der Zielgesellschaft durch die NewCo ist danach zu unterscheiden, welche steuerlichen Auswirkungen der Kauf für den Käufer und den Verkäufer hat.

---

[133] Zu den Akquisitionsformen unter 3.1.2.2.

[134] *Ek/von Hoyenberg*, Unternehmenskauf und -verkauf, S. 129.

[135] *Rödder/Hötzel*, in: Rödder/Hötzel/Mueller-Thuns, Unternehmenskauf, § 23 Rn. 1.

4.1.1.1. Besteuerung des Käufers

Beim Erwerb von Betriebsvermögen kann der Käufer die Aufwendungen für den Erwerb steuermindernd durch Abschreibungen geltend machen.[136] Der Kaufpreis ist auf die erworbenen Wirtschaftsgüter zu verteilen und auch insoweit abschreibungsfähig, als der Kaufpreis über die bisherigen Buchwerte der Wirtschaftsgüter hinausgeht (stille Reserven). Mit Ausnahme unbeweglicher Wirtschaftsgüter kann die gesetzliche Abschreibungsdauer bis zu 15 Jahre betragen.[137] Die daraus entstehenden Steuerminderungen erhöhen den Cash Flow der NewCo und dienen dazu, die Akquisitionsdarlehen zurückführen zu können. Damit besteht ein sehr großes Interesse beim Asset Deal, den Kaufpreis möglichst schnell steuerlich geltend machen. Eine schnelle Abschreibung kann dadurch erreicht werden, dass der Käufer den Kaufpreis auf schnell abschreibbare Wirtschaftsgüter verteilt. Solche schnell abschreibbaren Wirtschaftsgüter sind auch immaterielle Vermögensgegenstände, die nach der Verkehrseinschätzung selbständig verwertbar, am Markt greifbar und einer besonderen Bewertung zugänglich sind, wie z. B. Warenzeichen, Wettbewerbsverbote und Lizenzen.[138] Ferner ist im Rahmen einer realistischen und vertretbaren Schätzung eine Kaufpreisverteilung auf solche Wirtschaftsgüter empfehlenswert, die sich nicht über lange Zeit, wie Gebäude, abnutzen.

4.1.1.2. Besteuerung des Verkäufers

Handelt es sich bei der Verkäuferin um eine Personengesellschaft, die ein gewerbliches Unternehmen im Wege des Asset Deals verkauft, unterliegt der Veräußerungsgewinn in vollem Umfang der Einkommensteuer der Gesellschafter, nämlich als Einkünfte aus Gewerbebetrieb nach §§ 15, 16 Abs. 1 Nr. 1 EStG. Der Veräußerungsgewinn errechnet sich aus dem Veräußerungserlös abzüglich der Veräußerungskosten und der Anschaffungskosten nach § 16 Abs. 2 EStG. Eine Möglichkeit, den Veräußerungsgewinn und damit die

---

[136]   *Weitnauer*, in: Weitnauer, Management Buy-Out, S. 157; *Ek/von Hoyenberg*, Unternehmenskauf und -verkauf, S. 133; *Förster*, DB 2002, S. 1394 (1394); *Zieren*, in: Hölters, Handbuch des Unternehmens- und Beteiligungskaufs, S. 448.

[137]   Firmenwert § 7 Abs. 1 S. 3 EStG.

[138]   Die Abschreibungsdauer beträgt 3 – 5 Jahre.

Steuerlast zu mindern, ist die Verrechnung mit den Verlustvorträgen (§ 10d EStG, § 10a GewStG) bzw. vorgetragenen verrechenbaren Verlusten der Gesellschafter der Verkäuferin (§ 15a Abs. 2 EStG). Eine Gewerbesteuerpflicht bzgl. des Veräußerungsgewinnes entsteht nicht, soweit die den Betrieb veräußernde Personengesellschaft aus natürlichen Personen besteht (§ 7 S. 2 GewStG).[139]

Die Gesellschafter der Verkäuferin können nur dann auf Antrag von dem Freibetrag von 45.000 € nach § 16 Abs. 4 EStG und dem ermäßigten Steuersatz gem. § 34 Abs. 3 EStG (56% des durchschnittlichen Steuersatzes bis zu einem Veräußerungsgewinn von 5 Mio. €) profitieren, wenn sie das 55. Lebensjahr vollendet haben oder dauernd berufsunfähig sind[140]; anderenfalls steht ihnen lediglich die Progressionsmilderung des § 34 Abs. 1 EStG (Berechnung des Steuersatzes nach 1/5 des Veräußerungsgewinns) zu.

Ist die Verkäuferin eine Kapitalgesellschaft, ist der bei der Veräußerung des Betriebs an die NewCo entstehende Veräußerungsgewinn in vollem Umfang körperschaftsteuerpflichtig. Der Körperschaftsteuersatz betragt 25% gem. § 23 Abs. 1 KStG.[141] Ferner unterliegt dieser der Gewerbesteuer nach § 7 GewStG.
Damit ist festzustellen, dass der Asset Deal für den Käufer aufgrund der Abschreibungsmöglichkeiten für den Käufer attraktiv ist, aber für den Verkäufer aufgrund des steuerpflichtigen Veräußerungsgewinns oft nachteilhaft ist.[142]

4.1.2. Erwerb von Anteilen

Im Gegensatz zum Asset Deal hat der Käufer bei einer Übernahme durch Anteilserwerb nicht immer die Möglichkeit der steuerwirksamen Abschreibung.[143] Es ist wieder zu differenzieren, ob es sich bei der Gesellschaft um eine Personengesellschaft oder eine Kapitalgesellschaft (Share Deal im engeren Sinne) handelt.

---

[139] *Roser*, in: Lenski/Steinberg, GewStG, § 7 Rn. 375.
[140] *Förster*, Kauf und Verkauf von Unternehmen nach dem UntStFG, DB 2001, S. 1394 (1394).
[141] Ab 2007 beträgt der Körperschaftsteuersatz nur noch 15%.
[142] *Thies*, M & A 2003, S. 481 (479).
[143] *Thies*, M & A 2003, S. 481 (479).

4.1.2.1. Personengesellschaften als Zielgesellschaften

Bei einem Anteilskauf sind in gesellschaftsrechtlicher Hinsicht Gegenstand der Transaktion die Mitgliedschaftsrechte an der Personengesellschaft. Die steuerliche Behandlung ist allerdings davon zu unterscheiden, da die Personengesellschaft für Steuerzwecke transparent ist.[144]

4.1.2.1.1. Besteuerung des Käufers

Wie oben ausgeführt, sind die Aufwendungen für den Erwerb von Wirtschaftsgütern abschreibbar.[145] Dasselbe gilt beim Erwerb von Anteilen an Personengesellschaften, die in steuerlicher Hinsicht nicht als Beteiligungen, sondern wegen des für Personengesellschaften geltenden Transparenzprinzips als Anteile an den Wirtschaftsgütern der Personengesellschaften behandelt werden.[146] Aus steuerlicher Sicht werden anteilig die im Gesellschaftsvermögen enthaltenen Wirtschaftsgüter veräußert, so dass von einem Asset Deal ausgegangen werden kann.[147] Für den Käufer ergeben sich somit die beschriebenen Abschreibungsvorteile.[148]

4.1.2.1.2. Besteuerung des Verkäufers

Handelt es sich bei dem Verkäufer um eine natürliche Person, die ihren gesamten Mitunternehmeranteil an der Personengesellschaft an den Käufer überträgt, unterliegt der Veräußerungsgewinn seinem persönlichen Einkommensteuersatz. Der veräußernde Gesellschafter kann auf Antrag gegebenenfalls von dem Freibetrag von 45.000 € gem. § 16 Abs. 4 EStG und den schon dargestellten Tarifvergünstigungen[149] Gebrauch machen. Eine Gewerbesteuerpflicht scheidet nach § 7 S. 2 GewStG aus. Behält der Verkäufer jedoch einen Teil seiner Mitgliedschaftsrechte, was bei einem Buy-Out eher die Seltenheit ist, liegt kein Veräußerungsgewinn, sondern ein laufender in

---

144   *Wachter*, in: Weitnauer, Management Buy-Out, S. 131.
145   Unter 4.1.1.1.
146   *Wacker*, in: Schmidt, EStG, § 15 Rn. 691.
147   *Wachter*, in: Weitnauer, Management Buy-Out, S. 132.
148   *Reiß*, in: Kirchhof, EStG, § 16 Rn. 50.
149   Unter 4.1.1.2.

vollem Umfang einkommen- und gewerbesteuerpflichtiger Gewinn nach § 16 Abs. 1 S. 2 EStG vor.[150] Ist der Verkäufer selbst eine Personengesellschaft, liegt also eine doppelstöckige Personengesellschaft vor, überträgt die Muttergesellschaft sämtliche Mitgliedschaftsrechte an der Ziel-Untergesellschaft an die NewCo. Aufgrund des Transparenzprinzips erfolgt bei der Besteuerung ein Durchgriff auf die Gesellschafter der Muttergesellschaft, d. h. es kommt für die Besteuerung auf deren persönliche Merkmale an. Der Veräußerungsgewinn unterliegt aber auf jeden Fall der Gewerbesteuer, da keine natürliche Person an der Ziel-Untergesellschaft unmittelbar beteiligt ist (§ 7 S. 2 GewStG). Ist der Verkäufer der Beteiligung eine Kapitalgesellschaft, gilt dasselbe wie für die Veräußerung von Assets, d. h. volle Gewerbe- und Körperschaftsteuerpflicht.[151]

4.1.2.2. Kapitalgesellschaften als Zielgesellschaften

Werden Geschäftsanteile oder Aktien einer Kapitalgesellschaft im Wege des Share Deals übernommen, gibt es wesentliche Unterschiede zum Asset Deal und damit auch zum Erwerb der Anteile an einer Personengesellschaft.

4.1.2.2.1. Besteuerung des Käufers

Der größte Unterschied zum Asset Deal besteht beim Kauf von Geschäftsanteilen oder Aktien darin, dass die Anteile an einer Kapitalgesellschaft grundsätzlich zu den nicht abschreibbaren Anlagegütern gehören.[152] Geschäftsanteile und Aktien „nutzen sich nicht ab". Das bedeutet, dass das beim Asset Deal für den Käufer wichtige planmäßige Abschreibungspotential hinsichtlich der von ihm im Kaufpreis bezahlten stillen Reserven wegfällt. Der Käufer kann nur unter bestimmten Umständen auf eine außerordentliche Abschreibung, die so genannte Teilwertabschreibung, zurückgreifen, wenn die erworbene Beteiligung später außerplanmäßig an Wert verliert[153] und sich der Erwerb praktisch als Fehlmaßnahme erweist.

---

[150]   *Reiß*, in: Kirchhof, EStG, § 16 Rn. 220.
[151]   Unter 4.1.1.2.
[152]   *Wachter*, in: Weitnauer, Management Buy-Out, S. 139; *Ek/von Hoyenberg*, Unternehmenskauf und -verkauf, S. 136.
[153]   *Ek/von Hoyenberg*, Unternehmenskauf und -verkauf, S. 136.

4.1.2.2.2. Besteuerung des Verkäufers

Der Verkäufer, d. h. die Alteigentümer der Zielgesellschaft, werden regelmäßig an der Veräußerung von Anteilen interessiert sein. Nach der Körperschaftsteuerreform vom 1.1.2001 ist die Veräußerung von Anteilen an Kapitalgesellschaften steuerlich begünstigt.[154] Hierbei ist zu differenzieren, ob die Anteile von natürlichen Personen im Privat- oder Betriebsvermögen oder von Kapitalgesellschaften gehalten werden. Werden sie über eine Personengesellschaft gehalten und verkauft, ergeben sich dagegen keine Besonderheiten, da dann auf die an der Personengesellschaft Beteiligten abgestellt werden muss (§ 8b Abs. 6 KStG).

a) Sind die Anteile, was bei einer Familiengesellschaft die Regel ist, dem Privatvermögen natürlicher Personen zuzurechnen, ist ihre Veräußerung bis zu einer Beteiligung am Kapital der Gesellschaft von weniger als 1% bis einschließlich 31. Dezember 2008 ohnehin steuerfrei, sofern die Beteiligung mindestens 1 Jahr gehalten worden ist (§§ 17 Abs. 1, 23 Abs. 1 Nr. 2 EStG). Wird die Jahresfrist nicht eingehalten, ist der Veräußerungsgewinn als Spekulationsgewinn nach dem Halbeinkünfteverfahren nur zu 50% steuerpflichtig (§§ 22 Nr. 2, 23 Abs. 1 Nr. 2, 3 Nr. 40 lit. j EStG). Nach der Unternehmensteuerreform[155], die 2008/2009 in Kraft treten wird, fallen sowohl das Halbeinkünfteverfahren als auch die Steuerbefreiung für solche Anteile zwar ab 2009 weg, so dass der ganze Veräußerungsgewinn versteuert werden muss.[156] Jedoch wird dieser Gewinn nur einer Abgeltungsteuer von 25% zuzüglich Solidaritätszuschlag von 5, 5% auf diese Steuer unterliegen.[157]

b) Handelt es sich um Anteile im Privatvermögen, die mindestens 1% des Kapitals der Gesellschaft ausmachen,

---

[154]   *Hölters*, in: Hölters, Handbuch des Unternehmens- und Beteiligungskaufs, S. 34.
[155]   Gemäß Bundestags- und Bundesratsbeschluss vom 25. 5./6. 7. 2007 und Veröffentlichung im BGBl. 2007 Teil I, S. 1912 ff.
[156]   § 20 Abs. 2 S. 1 Nr. 1 EStG 2009, BGBl. I 2007, S. 1912 ff.
[157]   § 32d EStG 2009, BGBl. I 2007, S. 1912 ff.

kommt bis zum 31. Dezember 2008 das Halbeinkünfteverfahren zur Anwendung. Der Veräußerungsgewinn wird beim Verkäufer, der Einkünfte aus der
Veräußerung von Anteilen an Kapitalgesellschaften nach §
17 Abs. 1 EStG erzielt, nach § 3 Nr. 40 lit. c EStG nur zur
Hälfte besteuert.[158] Nach den Vorschriften der Unternehmensteuerreform, die 2009 in Kraft treten werden, wird
das Halbeinkünfteverfahren für diese Anteilseigner zwar
modifiziert, jedoch können sie dann immer noch von einem
Teileinkünfteverfahren profitieren, d. h. 40% des
Veräußerungsgewinns werden ab 2009 weiterhin steuerfrei
bleiben.[159]

c) Hält der Verkäufer die Anteile im Betriebsvermögen,
erfolgt schon heute eine Besteuerung unabhängig von einer
Spekulationsfrist und der Höhe des Anteilbesitzes. Der
Steuerpflichtige kommt allerdings in den Genuss des
Halbeinkünfteverfahrens gem. § 3 Nr. 40 lit. a EStG. Ab
2009 greift für diese Anteile ebenfalls das oben für
wesentliche Beteiligungen von mindestens 1%
beschriebene Teileinkünfteverfahren nach § 3 Nr. 40 lit. a
EStG ein. Der steuerpflichtige Teil des Veräußerungsgewinns unterliegt ferner der Gewerbesteuer[160], welche aber
nach § 35 EStG in Höhe des 1, 8 fachen des anteiligen Gewerbesteuermessbetrages auf die tarifliche Einkommensteuer anrechenbar ist.[161]

d) Werden die Anteile an der Zielgesellschaft hingegen von
einer Kapitalgesellschaft gehalten, ist der Gewinn aus der
Veräußerung gem. § 8b Abs. 2 KStG zu 95% steuerfrei.[162]

---

158   *Ek/von Hoyenberg*, Unternehmenskauf und -verkauf, S. 129; *Wachter*, in:
Weitnauer, Management Buy-Out, S. 136.
159   §§ 3 Nr. 40 lit. a, 52a Abs. 3 EStG 2009; *Mertes/Hagen*, in: Ernst &
Young/BDI, Die Unternehmensteuerreform 2008, S. 239.
160   Vgl. § 7 S. 4 1. Hs GewStG für Personengesellschaften, die solche Anteile
veräußern.
161   Nach der Unternehmensteuerreform in Höhe des 3, 8 fachen des anteiligen
Gewerbesteuermessbetrages § 35 Abs. 1 Nr. 2 EStG 2008, BGBl. I 2007,
S. 1912 ff.
162   *Zieren*, in: Hölters, Handbuch des Unternehmens- und Beteiligungskaufs,
S. 448.

Bei den restlichen 5%, die nicht steuerfrei sind, handelt es sich um nicht abzugsfähige Betriebsausgaben gem. § 8b Abs. 5 KStG.[163] Zwar sind Veräußerungsgewinne von Kapitalgesellschaften grundsätzlich gewerbesteuerpflichtig; soweit diese jedoch von der Körperschaftsteuer befreit sind, entfällt die Gewerbesteuer ebenfalls nach § 7 S. 1 GewStG.[164]

Damit ist der Share Deal für den Verkäufer grundsätzlich sinnvoller; als Kapitalgesellschaft kommt dieser in die Gunst der fast vollständigen Steuerbefreiung des § 8b Abs. 2 KStG; handelt es sich um eine natürliche Person, die selbst oder über eine Personengesellschaft den Anteil hält oder verkauft, muss der Gewinn in den meisten Fällen maximal zur Hälfte oder künftig zu 60% besteuert werden (§ 3 Nr. 40 lit. a, c EStG)[165] oder er unterliegt künftig nur der 25%-igen Abgeltungsteuer (§ 32d EStG 2009).

4.1.3. Konfliktlösungsmodelle

Aufgrund der unterschiedlichen Interessen der an dem Share Deal Beteiligten haben sich in der Praxis in der Vergangenheit verschiedene Modelle durchgesetzt. Durch diese Modelle sollten die Ziele, nämlich auf der Verkäuferseite die Minimierung der aus dem Verkauf resultierenden Steuerlast, d. h. i. d. R. Verkauf durch einen Share Deal, und auf der Käuferseite die Reduktion zukünftiger laufender Steuerbelastung durch die möglichst steuerneutrale Erhöhung des Abschreibungspotentials[166], aufeinander abgestimmt werden. Erwirbt z. B. die NewCo die Shares an der Zielgesellschaft zu einem Kaufpreis von 1.000.000 €, betragen aber die Netto-Buchwerte der Zielgesellschaft nur 100.000 €, ist Ziel der Käufer, die Wirtschaftsgüter der Zielgesellschaft zur Schaffung des schon bezahlten Abschreibungspotentials um 900.000 € steuerneutral aufzustocken und anschließend von einer Basis von 1.000.000 € abzuschreiben; erst

---

[163] *Binnewies* in: Streck, KStG, § 8b Rn. 14; *Hölters*, in: Hölters, Handbuch des Unternehmens- und Beteiligungskaufs, S. 34.

[164] *Ek/von Hoyenberg*, Unternehmenskauf und -verkauf, S. 131.

[165] *Beisel*, in: Beisel/Klumpp, Der Unternehmenskauf, S. 265.

[166] *Haun/Winkler*, Unternehmenskaufmodelle zur Erzielung eines Step up in 2001, DB 2001, S. 1389 (1389); *Förster*, DB 2002, S. 1394 (1394).

hierdurch können sie von den denselben Steuervorteilen profitieren, die sie beim Asset Deal geltend machen können.

4.1.3.1. Kombinations- und Organschaftsmodelle

Bei dem bereits vorgestellten Kombinatiosmodell[167] wird der Erwerb der Geschäftsanteile an der Zielgesellschaft in einen Erwerb der Wirtschaftsgüter transformiert, um somit in den Genuss des Abschreibungspotentials zu kommen. Nachdem die NewCo die Geschäftsanteile an der Zielgesellschaft erworben hat, erwirbt die NewCo das Betriebsvermögen der Zielgesellschaft durch einen internen Asset Deal im Wege der Singularsukzession.[168] In Höhe des bei der Zielgesellschaft erzielten Veräußerungsgewinnes entsteht bei der NewCo Abschreibungspotential in Höhe der durch die Veräußerung aufgelösten stillen Reserven.[169] Der Veräußerungsgewinn, der der Gewerbe- und Körperschaftsteuer unterliegt, wird anschließend an die NewCo ausgeschüttet.

Aufgrund des bis zum Jahr 2000 geltenden Anrechnungsverfahrens konnte die NewCo die bei der Zielgesellschaft aufgrund des Veräußerungsgewinns anfallende Körperschaftsteuer auf ihre Steuer auf die Ausschüttung anrechnen. Die NewCo nahm sodann eine ausschüttungsbedingte Teilwertabschreibung auf die Beteiligung vor, wodurch der Gewinn aus der Ausschüttung neutralisiert und die Steuer auf die Ausschüttung (und damit auf den Veräußerungsgewinn) erstattet wurde.[170] Schließlich wurde die Zielgesellschaft, die nur noch eine leere Hülle war, liquidiert.[171]

Dieses Modell, das auf der Neutralisierung des Veräußerungsgewinnes durch die Teilwertabschreibung beruhte, funktionierte jedoch in gewerbesteuerlicher Hinsicht schon seit 1988 wegen des damals eingeführten gewerbesteuerlichen Abzugsverbotes einer ausschüttungsbedingten Teilwertabschreibung nach § 8 Nr. 10 GewStG nicht mehr[172]; ferner hat es auch in körperschaftsteuerlicher Hinsicht seinen positiven Effekt durch die Einführung des Halbeinkünfteverfah-

---

[167]   Unter 3.1.2.3.3.
[168]   *Kirchmeier*, Management-Buy-Out im Steuerrecht, S. 34.
[169]   *Hensel/Merz*, in: Lütjen, Management Buy-Out, S. 184.
[170]   *Stiller*, BB 2002, S. 2620 (2619).
[171]   Deshalb wurde es früher auch als Liquidationsmodell bezeichnet.
[172]   *Rödder/Hötzel*, in: Rödder/Hötzel/Mueller-Thuns, Unternehmenskauf, § 23 Rn. 21.

rens im Jahre 2001 verloren, und zwar wegen Steuerfreiheit der Ausschüttung nach § 8b Abs. 1 KStG und des damit verbundenen Verbots der ausschüttungsbedingten Teilwertabschreibung nach § 8b Abs. 3 KStG und § 3c Abs. 2 EStG.[173]

Letztlich nichts anderes gilt für andere Varianten des Kombinationsmodells, z. B. den Mitunternehmermodellen, bei denen die Zielgesellschaft ihren Betrieb zu Buchwerten nach § 24 UmwStG in eine neu gegründete Personengesellschaft einbrachte und anschließend die Mitunternehmeranteile unter Aufdeckung stiller Reserven zur Schaffung von Abschreibungspotential an die NewCo veräußerte. Auch hier war eine Ausschüttung des Veräußerungsgewinns an die NewCo und eine Neutralisierung des Gewinns durch eine Teilwertabschreibung notwendig, was die oben dargestellten Vorschriften mittlerweile verhindern.

Dasselbe gilt für die verschiedenen Organschaftsmodelle[174], bei denen vor Durchführung des Kombinationsmodells zwischen NewCo und Zielgesellschaft eine Organschaft i. S. d. §§ 14, 17 KStG unter Abschluss eines Ergebnisabführungsvertrags nach § 291 Abs. 1 S. 1 2. Alt. AktG vereinbart wurde, wobei die NewCo – oder in einer Modifikation eine von der NewCo zuvor gegründete Tochter-GmbH & Co. KG[175] – Organträgerin und die Zielgesellschaft Organgesellschaft wurde.[176] Nach Durchführung des Verkaufs der Wirtschaftsgüter an die NewCo musste der Veräußerungsgewinn nicht mehr an die Zielgesellschaft ausgeschüttet werden, sondern wurde dieser – direkt oder über die Tochter-GmbH & Co. KG[177] – wegen der Gewinnabführungsverpflichtung steuerlich als laufender Gewinn zugerechnet. Die notwendige Neutralisierung dieses Gewinnes erfolgte in diesem Modell über eine so genannte abführungsbedingte Teilwert-

---

173   *Pluskat,* Akquistionsmodelle beim Erwerb einer Kapitalgesellschaft nach der Unternehmensteuer-reform, DB 2001, S. 2218 (2216).
174   Auch unter 3.1.2.3.4.
175   Die Gründung erfolgt nach §§ 105 ff., 161 ff. HGB, § 705 ff. BGB; *Hölters,* in: Hölters, Handbuch des Unternehmens- und Beteiligungskaufs, S. 35; *Pluskat,* DB 2001, 2218 (2216).
176   *Stiller,* BB 2002, S. 2621 (2619); *Bogenschütz,* in: Herzig, Organschaft, S. 228.
177   *Kirchmeier,* Management-Buy-Out im Steuerrecht, S. 37; *Stiller,* BB 2002, S. 2621 (2619); *Eilers/Rödding,* in: Picot, Unternehmenskauf und Restrukturierung, S. 707; *von Braunschweig,* M & A 2004, S. 254 (253).

abschreibung, die man im Gegensatz zur untersagten ausschüttungs-bedingten Abschreibung der Anteile als zulässig ansah.[178]

Nach der Neufassung der §§ 3c Abs. 2 S. 2 EStG, 8b Abs. 3 S. 2 KStG durch das Unternehmensteuerfortentwicklungsgesetz vom Jahre 2001 wurde aber auch diesen Modellen der Boden entzogen. Nunmehr sind jegliche Gewinnminderungen im Zusammenhang mit Anteilen an Kapitalgesellschaften steuerlich unbeachtlich, und zwar auch dann, wenn die Anteile über eine Organschaft und über Perso-nengesellschaften gehalten werden.[179]

4.1.3.2. Umwandlungs- oder Verschmelzungsmodelle

Nach diesen Modellen wurde die Zielgesellschaft entweder *upstream* auf die NewCo verschmolzen oder in eine Personengesellschaft formwechselnd umgewandelt (§§ 190 ff., 226 ff. UmwG).[180] In bei-den Fällen waren die Wirtschaftsgüter nach Durchführung von Ver-schmelzung bzw. Umwandlung unmittelbar oder mittelbar über eine Personengesellschaft der NewCo zuzurechnen. Der durch diese Zu-rechnung entstandene Verlust bei der NewCo (Differenz zwischen auszubuchendem Wert des Anteils an der Zielgesellschaft und dem Nettobuchwert deren einzubuchender Wirtschaftsgüter) berechtigte in beiden Alternativen zu einer erfolgsneutralen Aufstockung und anschließend erfolgswirksamen Abschreibung der Wirtschaftsgüter in Höhe der bezahlten stillen Reserven.

Auch diese Modelle bringen nicht mehr den gewünschten Erfolg, da eine steuerneutrale Aufstockung der stillen Reserven seit der Neufas-sung des § 4 Abs. 6 UmwStG in der Fassung des Steuersenkungsge-setzes 2000, der die Berücksichtigung eines Umwandlungsverlustes ausschloss, nicht mehr möglich ist.[181]

---

[178] Da abgeführte laufende Gewinne keine Dividenden sind, vgl. *Stiller*, BB 2002, S. 2621 (2619).

[179] *Stiller*, BB 2002, S. 2621 (2619); *Wachter*, in: Weitnauer, Management Buy-Out, S. 145.

[180] *Ek/von Hoyenberg*, Unternehmenskauf und -verkauf, S. 129; *Wachter*, in: Weitnauer, Management Buy-Out, S. 145.

[181] Zur Vernichtung von Anschaffungskosten durch diese Neufassung vgl. *Maiterth/Müller*, Anmerkungen zu den Auswirkungen des neuen Steuerrechts auf Unternehmenskaufmodelle aus steuersystematischer Sicht, BB 2002, S. 598 (598); *Rödder/Hötzel*, in: Rödder/Hötzel/Mueller-Thuns, Unternehmenskauf, §

Dasselbe gilt auch für Nachfolgemodelle, z. B. das Down-Stream-Merger-Modell, bei dem nicht die NewCo die Zielgesellschaft erwirbt, sondern eine eigens dafür von der NewCo gegründete Tochter-GmbH[182], die die Zielgesellschaft nach Erwerb in eine Personengesellschaft umwandelt und auf die sie danach *downstream* verschmolzen wird.[183] Auch der hierbei auf der Ebene der NewCo entstehende Verlust aus der Ausbuchung der Beteiligung an der Tochter-GmbH und der Einbuchung der Wirtschaftsgüter der Personengesellschaft[184] führt nach überwiegender Auffassung wegen des eindeutigen Wortlauts des im Jahre 2000 neu gefassten § 4 Abs. 6 UmwStG und des mit dem Halbeinkünfteverfahren eingeführten Abzugsverbots des § 8b Abs. 3 KStG nicht zu einem *step up.*[185]

4.1.3.3. Ausnutzung eines Verlustvortrages

Bei einem MBO, der auch zu Sanierungszwecken erfolgt, weil die Zielgesellschaft nicht unerhebliche Verluste erlitten hat und die bisherigen Inhaber sich von dem Unternehmen trennen wollen oder müssen, kann aber möglicherweise der bestehende steuerliche Verlustvortrag (§§ 10d Abs. 2 EStG, 10a GewStG) der Zielgesellschaft bei der Schaffung von Abschreibungspotential ausgenutzt werden. Wird beim Kombinationsmodell der Verlustvortrag mit dem Veräußerungsgewinn der Zielgesellschaft verrechnet, entfällt in Höhe des Verlustvortrages – in den Grenzen der Mindestbesteuerung nach § 10d Abs. 2 EStG, wonach eine Verrechnung bis zu 1 Mio. € ohne weiteres, darüber hinaus nur zu 60% der positiven Einkünfte zulässig ist - die Steuerbelastung aus der Aufdeckung stiller Reserven. Dasselbe gilt beim Umwandlungs- oder Verschmelzungsmodell, wenn nicht zu Buchwerten, sondern zu aufgestockten Werten (gemeinen Werten oder Zwischenwerten) nach §§ 3 Abs. 1 und 2, 11 Abs. 1 und 2 UmwStG umgewandelt bzw. verschmolzen wird, d. h. in der

---

23 Rn. 15.

[182] *Eilers/Rödding*, in: Picot, Unternehmenskauf und Restrukturierung, S. 706; *Pluskat*, DB 2001, S. 2220 (2216); *Dieterlen/Schaden*, BB 2000, S. 2552 (2552).

[183] *Stiller*, BB. 2002, S. 2621 (2619).

[184] *Wachter*, in: Weitnauer, Management Buy-Out, S. 146.

[185] So auch *Stiller*, BB 2002, S. 2621 (2619), da dieses Modell einer Veräußerung der Beteiligung an der Tochter-GmbH an die Personengesellschaft gleichkommt.

Schlussbilanz der Zielgesellschaft stille Reserven ganz oder teilweise aufgelöst werden.[186]

Bei der Gestaltung des MBO ist aber zu beachten, dass Verlustvorträge nicht auf die Erwerber, d. h. die NewCo, übergehen bzw. von der Zielgesellschaft nicht ohne weiteres nach Veräußerung der Anteile ausgenutzt werden können. Verlustvorträge einer Personengesellschaft bleiben sowohl gewerbe- als auch einkommensteuerlich bei den Altgesellschaftern.[187] Aber auch der Verlustvortrag einer Kapitalgesellschaft kann nach § 8 Abs. 4 KStG nur dann fortgeführt werden, wenn diese sowohl rechtlich als auch wirtschaftlich mit der Kapitalgesellschaft, die den Verlust erlitten hat, identisch ist. Diese Identität liegt nicht mehr vor, wenn mehr als die Hälfte der Anteile an der Kapitalgesellschaft übertragen werden und der Kapitalgesellschaft im zeitlichen und rechtlichen Zusammenhang mit dem Gesellschafterwechsel überwiegend neues Betriebsvermögen, z. B. durch Einlagen der neuen Gesellschafter, zugeführt wird, es sei denn, die Zuführung neuen Betriebsvermögens dient alleine der Sanierung und die Zielgesellschaft führt den Geschäftsbetrieb in einem vergleichbaren Umfang fünf Jahre nach Gesellschafterwechsel und Zuführung neuen Betriebsvermögens fort.[188]

Diese Restriktionen[189] werden vermieden, wenn die Zielgesellschaft nicht **nach**, sondern **vor** der Anteilsübertragung, d.h. auf der Grundlage eines Beschlusses der Altgesellschafter, stille Reserven auflöst und mit dem Verlustvortrag verrechnet, z. B. durch eine Umwandlung der Zielgesellschaft unter Aufdeckung stiller Reserven, durch ein Sale-and-Lease-back-Modell oder durch eine gewinnrealisierende Einbringung bzw. Ausgliederung des Betriebs in/auf eine neu gegründete Tochtergesellschaft (§ 20 Abs. 1, 2 UmwStG bzw. §§ 15 Abs. 1, 11 Abs. 1 UmwStG), an der sich die Manager und die Fi-

---

[186] So auch *Maiterth/Müller*, BB 2002, S. 598 (598).

[187] Zu § 10d EStG vgl. R 10d Abs. 4 EStR; zur Unternehmeridentität im Sinne des § 10a GewStG vgl. §§ 2 Abs. 5, 10a S. 7 GewStG und Abschnitt 68 Abs. 3 GewStR.

[188] Vgl. hierzu näher Schreiben des BMF vom 16. 4. 1997, BStBl. I 1999, S. 455 ff.

[189] Zur noch restriktiveren Rechtslage für Erwerbe nach dem 31. Dezember 2007 vgl. 4.2.1.4.

nanzinvestoren beteiligen können.[190] Durch solche Modelle wäre allen Seiten gedient: der Zielgesellschaft, die den Veräußerungsgewinn in den Grenzen des § 10d Abs. 2 EStG mit dem Verlustvortrag verrechnen kann; den Altgesellschaftern, die ihre Anteile an der Ziel- oder Tochtergesellschaft zu 50% oder gar zu 95% steuerfrei nach §§ 8b KStG, 3c Nr. 40 lit. a, c EStG veräußern können; den Erwerbern, die ein Unternehmen mit aufgedeckten stillen Reserven erwerben können.

4.1.3.4. Lösung über Kaufpreisfindung

Sind ausreichende verrechenbare Verlustvorträge vorhanden, sollte es somit möglich sein, die Konfliktsituation zwischen Verkäufern und Erwerbern nach vorstehenden Empfehlungen zu lösen. Anderenfalls führen alle diskutierten Modelle nach den Steuerreformen der vergangenen Jahre nicht mehr zum gewünschten Erfolg. Es gibt dann für den Käufer nur eine sichere Möglichkeit, die schon bezahlten stillen Reserven in Abschreibungspotential umzuwandeln, nämlich gegenüber dem Verkäufer auf einen Asset Deal zu drängen. Die aus dem Verkauf der Wirtschaftsgüter und dem Entstehen eines laufenden Gewinns resultierende höhere Steuerbelastung wird sich dieser aber durch einen entsprechenden höheren Kaufpreis vergüten lassen.

Umgekehrt wird der Käufer nur zur Zahlung eines niedrigeren Kaufpreises bereit sein, wenn der Verkäufer auf einen Share Deal besteht. Er wird die Steuerbelastung auf den Veräußerungsgewinn, die z. B. bei Durchführung des zur Schaffung von Abschreibungspotential durchaus sinnvollen Kombinationsmodells entsteht, durch einen Kaufpreisabschlag berücksichtigen.[191] Da auch die Steuerbelastung auf diesen Veräußerungsgewinn nach der Unternehmensteuerreform 2008 deutlich sinken wird (i. d. R. weniger als 30%[192]), sollte beim Share Deal in diesen Fällen der Ausgleich über den Kaufpreis somit nicht nur der einzig sichere, sondern auch sinnvolle Weg zur Konfliktlösung sein.

---

[190] *Beußer*, Die Verlustabzugsbeschränkung gem. § 8c KStG im Unternehmensteuerreformgesetz 2008, DB 2007, S. 1552 (1544).
[191] *Maiterth/Müller*, BB 2002, S. 600 (598).
[192] *Herzig*, Die Gewerbesteuer als dominierende Unternehmensteuer, DB 2007, S. 1541 (1541).

4.2. Besteuerung nach Erwerb

Neben der steuerlichen Gestaltung des Erwerbs ist noch die laufende Besteuerung zu optimieren. Die Besteuerung hat dabei nicht nur auf die Wahl der Finanzierungsstruktur erhebliche Auswirkungen, sondern auch auf eine evtl. Umstrukturierung nach Erwerb.

4.2.1. Steuerliche Situation nach Erwerb

Für den Manager stellen sich sowohl im Rahmen der Kaufentscheidung als auch nach Erwerb die Fragen, wie er den Kaufpreis steuergünstig finanziert, wie er später auftretenden Finanzierungsbedarf im Rahmen der Zielgesellschaft und der NewCo deckt und ob die Rechtsform der erworbenen Zielgesellschaft sowie die durch den Erwerb entstandene Unternehmensstruktur in steuerlicher Hinsicht optimal sind.

4.2.1.1. Finanzierung durch Eigenkapital

Eigenkapital ist nicht nur die risikoreichste Finanzierungsform, sondern auch die steuerlich ungünstigste. Im Vergleich zum Fremdkapital[193] ist bei der Finanzierung durch Eigenkapital kein Zinsabzug möglich, so dass keine Betriebsausgaben entstehen. Gewinnausschüttungen, die an die Stelle von Zinszahlungen treten, sind nicht abzugsfähig nach § 8 Abs. 3 S. 1 KStG, sondern sind mit dem normalen tariflichen Steuersatz, je nach Rechtsform, belastet.

4.2.1.2. Finanzierung durch Fremdkapital

Bei der Finanzierung durch Fremdkapital sind die Zinsaufwendungen des Käufers für das Kaufpreisdarlehen grundsätzlich abzugsfähig, d. h. sie sind mit den Erträgen der NewCo verrechenbar, unabhängig davon, ob diese die Rechtsform einer Kapital- oder Personengesellschaft aufweist (§§ 4 Abs. 4 EStG, 8 Abs. 1 KStG). Wie schon ausgeführt, sollen die Zinsaufwendungen jedoch auch mit den Erträgen der Zielgesellschaft steuerlich verrechnet werden; steuer-

---

[193]   Unter 4.2.1.2.

freie Dividenden auf der Ebene der NewCo nach § 8b Abs. 1 KStG wären hierfür nicht zielführend.[194]

Handelt es sich um einen Asset Deal, sind die Wirtschaftsgüter ohnehin auf die NewCo übergegangen, mit der Folge, dass die Zinsaufwendungen direkt mit den Erträgen des erworbenen Betriebsvermögens verrechnet werden können.

Dasselbe gilt, falls die Zielgesellschaft als Personengesellschaft organisiert ist, da die Erträge einer Personengesellschaft aufgrund des Transparenzprinzips zumindest für Einkommen- und Körperschaftsteuerzwecke der NewCo zuzurechnen sind (§§ 15 Abs. 1 S. 1 Nr. 2 EStG, 8 Abs. 1 KStG). Dies gilt zwar nicht für die Gewerbesteuer, da die Personengesellschaft selbst Steuerschuldner ist (§ 5 Abs. 1 S. 3 GewStG). Will man auch die Verrechenbarkeit für Gewerbesteuerzwecke herstellen, bietet sich eine Verschmelzung der Personengesellschaft auf die NewCo nach §§ 2 ff., 39 ff., 46 ff. UmwG oder eine Anwachsung des Vermögens der Personengesellschaft auf die NewCo z. B. durch Ausscheiden der Komplementärin und Vereinigung aller Anteile in der Hand der NewCo an (§ 738 BGB).[195]

Handelt es sich bei der Zielgesellschaft dagegen um eine Kapitalgesellschaft, ist, wie schon ausgeführt[196], die Begründung einer ertragsteuerlichen Organschaft durch Abschluss eines Ergebnisabführungsvertrages nach §§ 14, 17 KStG oder eine Verschmelzung, die entweder *upstream* oder *downstream* erfolgen kann, möglich.[197]

Die Abzugsfähigkeit der Fremdkapitalzinsen wird jedoch – abgesehen von der gewerbesteuerlichen Hinzurechnung nach § 8 Nr. 1 GewStG – durch die Bestimmungen des § 8a KStG reguliert.[198] Danach werden Zinsaufwendungen, die eine Kapitalgesellschaft auf Darlehen zahlt, die ein wesentlich beteiligter Gesellschafter[199] oder

---

[194] Unter 3.1.2.3.; *Reichel/Kroschewski*, Akquisitionsfinanzierungen nach Einführung der Zinsschranke – erste Empfehlungen für die Praxis, DStR 2007, S. 1331 (1330).

[195] Unter 3.1.2.2.1. und 3.1.2.3.2.

[196] Unter 3.1.2.3.1. und 3.1.2.3.4.

[197] Solche Gestaltungen, die die unmittelbare Verrechnung des anfallenden Zinsaufwands aus der Akquisitionsfinanzierung mit laufenden Unternehmenserträgen der Zielgesellschaft bezwecken, werden insbesondere beim *Downstream Merger* allgemein als *Debt Push-Down* bezeichnet; *Reichel/Kroschewski*, DStR 2007, S. 1331 (1330).

[198] Thin Capitalisation Rules.

[199] Nach § 8a Abs. 3 KStG ist ein Gesellschafter wesentlich beteiligt, wenn er

ein diesem nahe stehender Dritter gewährt, in verdeckte Gewinnausschüttungen umqualifiziert, sofern sie einen Betrag von 250.000 €
übersteigen und soweit sie entweder gewinnabhängig oder zwar
festverzinslich sind, aber das Darlehen das 1, 5 fache des Eigenkapitals[200] des betreffenden Gesellschafters übersteigt.[201] Durch diese
Umqualifizierung vermindert der Zinsabzug das zu versteuernde
Einkommen auf der Ebene der NewCo nicht, sondern wird mit Kör-
perschaft- und Gewerbesteuer belastet.[202] Von dieser verdeckten
Gewinnausschüttung wird zusätzlich Kapitalertragsteuer i. H. v. 20%
einbehalten.[203] Diese Regelung gilt nicht nur für ausländische Gesellschaften, sondern auch für einen inländischen Beteiligten[204],
sowie auch dann, wenn ein Dritter, z. B. eine Bank, ein Darlehen
gewährt, sofern er auf den Gesellschafter oder eine diesem nahe
stehende Person, z. B. aufgrund einer Bürgschaft, zurückgreifen
kann (§ 8a Abs. 1 S. 2 KStG). Ein Betriebsausgabenabzug ist jedoch
bei fest verzinslichen Darlehen dann möglich, wenn die NewCo den
Gegenbeweis erbringt, dass sie das Fremdkapital auch aus eigener
Kraft von einem „fremden Dritten" hätte erhalten können. In diesem
Fall kommt § 8a KStG nicht zum Tragen.

Mit der vorstehenden Regelung müssen sich künftig Teilnehmer
eines MBOs aber nicht mehr lange auseinandersetzen. Mit Inkrafttre-
ten des Unternehmensteuerreformgesetzes 2008 wird stattdessen eine
Zinsschranke eingeführt, die akquisitions- und finanzierungsrelevan-
te steuerliche Änderungen mit sich bringt. Die Zinsschrankenregelung wird sich in § 4h EStG und § 8a KStG finden. Danach werden
Zinsaufwendungen eines Betriebs in Höhe des Zinsertrages abziehbar sein, darüber hinaus nur noch bis zur Höhe von 30% des steuerlichen EBITDA[205] desselben Wirtschaftsjahres. Diese Zinsschranke
soll für alle Fremdfinanzierungsarten und unabhängig von der
Rechtsform für alle Unternehmen ab 2008 gelten.[206]

---

[200] mindestens 25% der Anteile hält.

[201] So genannter Safe Haven.

[202] *Bruse*, M & A 2004, S. 62 (61); *Von Braunschweig*, M & A 2004, S. 254 (253).

[203] *Hölters*, in: Hölters, Handbuch des Unternehmens- und Beteiligungskaufs, S. 35.

[204] *Kreft*, BB 2004, S. 1195 (1191).

[205] *Von Braunschweig*, M & A 2004, S. 255 (253).

[206] Gewinn i. S. d. Earnings before interest, taxes, depreciation and amortization.

    Reichel/Kroschewski, DStR 2007, S. 1332 (1330).

Rechtsfolge dieser Zinsschranke wird sein, dass Zinsaufwendungen, die über diese Grenze hinausgehen, nicht abzugsfähig sind. § 4h Abs. 1 S. 2, 3 EStG wird es jedoch erlauben, einen Zinsvortrag auf folgende Wirtschaftsjahre vorzunehmen. Eine Umqualifikation der Zinsaufwendungen in verdeckte Gewinnausschüttungen wird nicht mehr stattfinden.[207]

Diese Zinsschranke wird nicht für kleinere Akquisitionsfinanzierungen gelten. § 4h Abs. 2 S. 1 lit. a EStG definiert eine Freigrenze, die eingehalten wird, wenn der Nettozinsaufwand eines Jahres (Saldo aus Zinsaufwendungen und Zinsertrag) niedriger als 1.000.000 € ist.[208] Diese Freigrenze kann bei einem MBO bei Akquisitionen kleinerer oder mittlerer Größe um den Preis höherer Gründungskosten durch Zwischenschaltung einer oder mehrerer NewCo's erreicht werden, indem die Freigrenze auf mehrere NewCo's, an denen sich unterschiedliche Erwerbsgruppen (Manager, Finanzinvestoren etc.) beteiligen, verteilt wird (**vgl. Abb. 4**). Ein anschließender *debt push down* durch Vereinigung von Zielgesellschaft und NewCo's lässt sich damit aber kaum vereinbaren.

---

[207] *Reichel/Kroschewski*, DStR 2007, S. 1332 (1330).
[208] *Ortmann-Babel/Zipfel*, Unternehmensteuerreform 2008 Teil I: Gewerbesteuerliche Änderungen und Besteuerung von Kapitalgesellschaften und deren Anteilseignern, BB 2007, S. 1872 (1869).

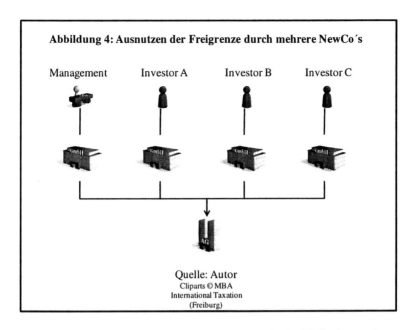

Abbildung 4: Ausnutzen der Freigrenze durch mehrere NewCo´s

Management   Investor A   Investor B   Investor C

Quelle: Autor
Cliparts © MBA
International Taxation
(Freiburg)

Neben der Freigrenze sieht § 4h Abs. 2 S. 1 lit. b EStG eine weitere Ausnahme vor. Danach greift die Zinsschranke für solche Betriebe grundsätzlich nicht ein, die nicht oder nur anteilig zu einem Konzern gehören, d. h. nicht von einem Konzern abhängig sind. § 4h Abs. 3 S. 5, 6 EStG unterstellt eine Konzernabhängigkeit, wenn der Betrieb nach IFRS, nach dem Handelsrecht eines Mitgliedstaates oder nach US-GAAP mit einem oder mehreren anderen Betrieben konsolidiert wird oder werden könnte oder wenn die Finanz- oder Geschäftspolitik dieses Betriebs mit derjenigen eines anderen Betriebs einheitlich bestimmt werden kann.[209] Aus diesem sehr weit gefassten Konzernbegriff ergibt sich, dass nur sich im Streubesitz befindliche Gesellschaften im Sinne dieser Regelung nicht konzernverbunden sind. Bei einem MBO kommt dies nur in Betracht, wenn entweder nur Manager ohne Zwischenschaltung einer NewCo den MBO durchführen oder verschiedene – nicht konzernverbundene – NewCo's, von denen keine die Mehrheit der Anteile an der Zielgesellschaft erwirbt.

---

[209] *Scheunemann/Socher*, Zinsschranke beim Leveraged Buy-out, BB 2007, S. 1145 (1144); *Köhler*, in: Ernst & Young/BDI, Die Unternehmensteuerreform 2008, S. 108.

Ist eine solche – nicht konzernverbundene – Gesellschaft eine Kapitalgesellschaft, greift die Zinsschrankenregelung doch ein, wenn mehr als 10% des Zinssaldos an wesentlich, d. h. mehr als 25%, beteiligte Gesellschafter, diesen nahe stehende Personen oder rückgriffsberechtigte Dritte geleistet werden (§ 8a Abs. 2 KStG 2008). Solche Unternehmen sollten daher, wenn sie die Freigrenze von 1.000.000 € nicht einhalten können, das Entstehen solcher wesentlicher Beteiligungen vermeiden, z. B. durch entsprechende Aufteilung der Anteile an der NewCo zwischen Manager und Finanzinvestoren, auf die auch bei einer späteren Verschmelzung von Zielgesellschaft und NewCo geachtet werden sollte.

Liegt dagegen eine Konzernstruktur vor, was bei einem MBO aufgrund der Verbundenheit zwischen NewCo und Zielgesellschaft die Regel sein wird, greift die Zinsschranke bei Überschreitung der Freigrenze nicht nur bei Zahlungen von mehr als 10% des Zinssaldos an wesentlich beteiligte Gesellschafter, sondern dann ein, wenn die Eigenkapitalquote am Schluss des vorangegangenen Abschlussstichtages um mehr als 1% niedriger ist als die des Konzerns (Eigenkapitalvergleich nach § 4h Abs. 2 lit. c EStG). Gerade die NewCo die zu einem großen Teil fremdfinanziert ist und deshalb nur eine niedrige Eigenkapitalquote hat, wird davon betroffen sein. Eine Gestaltung, die Zinsschranke zu vermeiden, wäre die Umsetzung eines *debt push down*-Instruments, d. h. die Vereinheitlichung von NewCo und Zielgesellschaft durch Verschmelzung und die damit verbundene Erhöhung sowohl der EK-Quote als auch des EBITDA.[210] Als weiteres Gestaltungsinstrument zur Erhöhung dieser Größen bietet sich die Begründung einer Organschaft an. Denn nach § 15 S. 1 Nr. 3 KStG 2008 gelten organschaftlich verbundene Gesellschaften als einheitlicher Betrieb, wodurch sich NewCo und Zielgesellschaft, anstatt eine Verschmelzung durchzuführen, zu einem Betrieb zusammenfassen lassen.[211]

Es bleibt festzuhalten, dass die Folgen der durch die Unternehmensteuerreform eingeführten Zinsschranke durch entsprechende Strukturierung vermieden werden können. Sind diese Maßnahmen zu aufwändig oder im konkreten Fall nicht interessengerecht, bietet sich noch an, Gesellschafterdarlehen variabel zu verzinsen, z. B. bis ma-

---

[210]   *Reichel/Kroschewski*, DStR 2007, S. 1335 (1330).
[211]   *Reichel/Kroschewski*, DStR 2007, S. 1334 (1330).

ximal 30% des steuerlichen EBITDA unter Berücksichtigung der Vergütungen für Fremddarlehen. Gewinnabhängige Vergütungen, die unter der Geltung des bisherigen § 8a KStG stets zu verdeckten Gewinnausschüttungen führen, sind nämlich nach der Neuregelung gegenüber Festzinsdarlehen nicht mehr diskriminiert.[212]

4.2.1.3. Finanzierung durch Mezzanine Produkte

Von der Abzugsbeschränkung des § 8a KStG sind nicht nur Bankdarlehen, sondern auch Mezzanine Finanzierungen betroffen. Bemessen sich z. B. die Zinsen, die die NewCo bezahlt, nach Umsatz, Gewinn oder Cash Flow, handelt es sich um erfolgsabhängige Vergütungen, die nach § 8a Abs. 1 Nr. 1 KStG bei Zahlung an wesentlich beteiligte Gesellschafter zu einer verdeckten Gewinnausschüttung nach § 8 Abs. 3 KStG führen.[213]

Gewähren solche Finanzmittel nicht wesentlich beteiligte Finanzinvestoren selbst, sondern Dritte, also reine Kapitalgeber, war lange unklar, wann diese Abzugsbeschränkung bei Mezzanine-Finanzierungen nach § 8a Abs. 1 S. 2 KStG eingreift. Nach dem Schreiben des BMF vom 15. Juli 2004[214] fällt eine Finanzierung durch Dritte dann unter § 8a KStG, wenn dem Darlehensgeber rechtlich durchsetzbare Sicherheiten eines wesentlich beteiligten Gesellschafters oder diesem nahe stehender Dritter gestellt werden. Darunter fallen Bürgschaften, Garantieerklärungen, harte Patronatserklärungen, Pfandrechte, Schuldbeitritte und Wechselsicherheiten.[215] Durch den Erlass des BMF vom 15. Juli 2004 stellte die Finanzverwaltung aber auch klar, dass sie die Anwendbarkeit der Vorschrift auf eine kaum anzutreffende Mezzanine-Finanzierung, nämlich die „Back-to-

---

[212] *Reichel/Kroschewski*, DStR 2007, S. 1333 (1330).

[213] Dies soll nach Auffassung der Finanzverwaltung selbst dann gelten, wenn die Fälligkeit der Zinsen hinausgeschoben wurde oder die Zinssätze in Abhängigkeit vom Unternehmenserfolg gestaffelt sind, vgl. Schreiben des BMF betr. Gesellschafter-Fremdfinanzierung (§ 8a KStG) vom 15.12.1994, BStBl. 1995 I, S. 25 ff, Rn. 52 ff; kritisch dazu *Golland* u. a., BB-Special 4/2005, S. 28.

[214] BMF-Schreiben betr. Gesellschafter-Fremdfinanzierung (§ 8a KStG) vom 15. 7. 2004, BStBl. 2004 I, S. 593 ff., Rn. 20, 21.

[215] Schreiben des BMF betr. Gesellschafter-Fremdfinanzierung (§ 8a KStG) vom 15.7.2004, BStBl. 2004 I, S. 593 ff., Rn. 18 ff.; *Golland* u. a., BB-Special 4/2005, S. 27.

Back"-Finanzierung, beschränken will, d.h. auf solche Fälle, in denen ein Zusammenhang zwischen den Finanzierungsaufwendungen und nicht nur kurzfristigen Kapitalüberlassungen des Gesellschafters oder ihm nahe stehender Dritter an den finanzierenden Kapitalgeber besteht.[216] Da aber der Nachweis des Fehlens einer solchen schädlichen Finanzierung bei der Gesellschaft liegt, ist als unstreitig unschädlich wohl nur die ausschließliche Besicherung mit eigenen Assets der finanzierten Gesellschaft anzusehen.

Wie oben ausgeführt, kommt es aber künftig nicht mehr darauf an, ob ein Rückgriffsrecht auf einen Gesellschafter besteht oder ob es sich um umsatz- oder gewinnabhängige Vergütungen handelt. Sämtliche Finanzierungen auch Dritter werden von §§ 4h EStG, 8a KStG (2008) betroffen, ohne dass zwischen Vergütungsart und Rückgriffsrecht differenziert wird. Für solche Finanzierungen sollte daher ebenfalls auf die unter 4.2.1.2. dargestellten Ausweichstrategien zurückgegriffen werden.

Die Vergütung des Kapitalgebers bei einer Mezzanine-Finanzierung besteht, wie bereits ausgeführt[217], nicht nur in variablen Vergütungen, sondern auch in einer Beteiligung des Kapitalgebers an der Wertsteigerung des Unternehmens, einem so genannten *equity kicker*. Diese „Vergütungen", denen meist Wandel- oder Optionsanleihen zugrunde liegen, sollten nicht unter die Abzugsbeschränkung des § 8a Abs. 1 Nr. 1 KStG fallen. Sie werden – im Gegensatz z.B. zu *„back ended fees"* – getrennt von der Vergütung für die Überlassung des Kapitals eingeräumt, wobei Darlehensverhältnis und Bezugsrechte auf Anteile zu verschiedenen Vertragsparteien (Gesellschaft/andere Gesellschafter) bestehen.[218] Diese Sichtweise sollte auch für die Neuregelung des § 4h EStG gelten.

---

216 *Golland* u.a., BB-Special, 4/2005, S. 27.
217 Unter 3.2.2.
218 Vgl. den engeren Vergütungsbegriff im Schreiben des BMF betr. Gesellschafter-Fremdfinanzierung (§ 8a KStG) vom 15.12.1994, BStBl. 1995 I, S. 25 ff., Rn. 51, und zum Diskussionsstand *Golland* u. a., BB-Special 4/2005, S. 28 f.

4.2.1.4. Verrechnung mit Verlustvorträgen

Großes Interesse besteht bei einem MBO auch daran, die Erträge der Zielgesellschaft mit deren Verlustvorträgen, sofern vorhanden, zu verrechnen, soweit diese nicht schon von der Zielgesellschaft bei Umstrukturierung im Rahmen des Erwerbs zur Schaffung von Abschreibungspotential mit stillen Reserven verrechnet worden sind.[219] Wie oben ausgeführt[220], ist eine solche Verrechnung überhaupt nicht möglich bei Erwerb von Anteilen an Personengesellschaften und erheblich beschränkt bei einem Share Deal. Die bisherige Fassung des § 8 Abs. 4 KStG hat es beim Share Deal aber zumindest ermöglicht, auch nach einem mehr als 50%-igen Anteilseigner wechsel und der Zuführung neuen Betriebsvermögens den Verlustvortrag noch auszunutzen, wenn die Zuführung neuen Betriebsvermögens der Sanierung diente und der Betrieb 5 Jahre lang im wesentlichen unverändert fortgeführt worden ist. Diese Vorschrift gilt aber nach § 34 Abs. 6 KStG 2008 nur noch für Anteilserwerbe, wenn sie zumindest in Teilakten vor dem 31. Dezember 2007 stattfinden und innerhalb von 5 Jahren abgeschlossen sind.

Demgegenüber wird die durch die Unternehmensteuerreform eingeführte Neuregelung des § 8c KStG für Anteilsübertragungen, die erst nach dem 31. Dezember 2007 stattfinden (§§ 8c, 34 Abs. 7 b KStG 2008), wesentlich restriktiver sein. Danach wird jede Anteilsübertragung von mehr als 25% des Kapitals zu einem quotalen und von mehr als 50% zu einem totalen Verlust des Verlustvortrages führen, falls sie innerhalb von 5 Jahren an einen Erwerber oder diesem nahe stehende Person erfolgt.[221] Auf die Zuführung von Kapital und die Fortführung des Betriebs wird es nicht mehr ankommen.

Zur Vermeidung einer „Verlustvernichtung" wäre daran zu denken, dass keiner der am MBO Beteiligten mehr als 25% des Kapitals übernimmt, d. h. mehrere Erwerber oder NewCo's auftreten. Zu beachten ist allerdings, dass nach § 8c S. 3 KStG auch der Erwerb durch eine Gruppe von Erwerbern mit gleich gerichteten Interessen

---

[219] Unter 4.1.3.3.
[220] Unter 4.1.3.3.
[221] *Ortmann-Babel/Zipfel*, BB 2007, S. 1873 (1869); *Geck/Messner*, ZEV-Report Steuerrecht, ZEV 2007, S. 373 (373); *Rech*, Ausgewählte Steueränderungen im Überblick, BC 2007, S. 191 (189).

zusammen gerechnet wird. Zweifelhaft ist aber, ob die Teilnehmer eines MBO als eine solche Gruppe aufgrund der oft unterschiedlichen Zielvorstellungen von Manager auf der einen Seite und Finanzinvestoren auf der anderen Seite angesehen werden können.[222]

Die Neuregelung des § 8c KStG ist heftig kritisiert worden, weil sie Erwerbe zu Sanierungszwecken oder auch von jungen Unternehmen mit Anlaufverlusten erheblich erschwert. Aus diesem Grund ist zur Zeit geplant, in einem Gesetz zur Modernisierung der Rahmenbedingungen für Kapitalbeteiligungen in § 8c KStG eine Regelung aufzunehmen, wonach die Beteiligung von Wagnisfinanzierungsgesellschaften nicht zu einer Vernichtung der Verlustvorträge führt.[223] Sinnvoller wäre es sicherlich, diese Vorschläge wieder auf sämtliche Sanierungserwerbe auszudehnen. Gelingt es, die Verlustvorträge der Zielgesellschaft zu retten, sei es nach § 8 Abs. 4 KStG bei Erwerben, die zumindest teilweise vor dem 31. Dezember 2007 stattfinden, oder ab 2008 nach der Neufassung des § 8c KStG durch entsprechende Strukturierung des Erwerbs, muss in der Folgezeit darauf geachtet werden, dass der Verlustvortrag nicht wieder durch schädliche Maßnahmen gefährdet wird. Im Geltungsbereich des § 8 Abs. 4 KStG verbietet sich nicht nur eine wesentliche Schrumpfung des Betriebs, sondern vor allem auch ein *Upstream Merger* der Zielgesellschaft auf die NewCo oder eine Umwandlung der Zielgesellschaft in eine Personengesellschaft, da der Verlustvortrag nicht auf eine andere Rechtsperson übertragen werden kann.[224] Möglicherweise empfiehlt sich auch nicht die Vereinbarung eines Gewinnabführungsvertrages zwischen NewCo und Zielgesellschaft, solange ein Verlustvortrag besteht. Hierdurch geht zwar der Verlustvortrag der Zielgesellschaft nicht unter; er kann aber während der Dauer der Organschaft von mindestens 5 Jahren[225] nach § 15 Nr. 1 KStG nicht mit den Erträgen der Zielgesellschaft, die an die NewCo abgeführt werden, verrechnet werden.

---

222 Zur Unsicherheit bzgl. Der Auslegung dieses Begriffs s. *Reichel/Kroschewski*, DStR 2007, S. 1334 (1330).
223 DStR-Aktuell, Heft 34/2007, S. X.
224 § 4 Abs. 2 S. 2, 12 Abs. 3 2. Hs UmwG; *Schmitt*, in: Schmitt/Hörtnagel/Stratz, § 4 UmwStG, Rn. 61-63.
225 Mindestdauer des Gewinnabführungsvertrages nach § 14 Abs. 1 S. 1 Nr. 3 KStG.

Im Bereich des § 8c KStG 2008 verbieten sich nicht nur solche Umstrukturierungsmaßnahmen, sondern auch alle Veränderungen der Gesellschafterstruktur, durch die Beteiligungen von mehr als 25% oder gar 50% entstehen. Ist die Übertragung weiterer Beteiligungsrechte an bestimmte Gesellschafter gewünscht, ist statt dessen an die Einräumung hybrider Finanzierungsformen wie stiller Beteiligungen oder Genussrechte zu denken.[226]

4.2.1.5. Rechtsformwechsel zur Verminderung der steuerlichen Belastung

Eine wesentliche Frage für die Beteiligten des MBO nach der Übernahme der Zielgesellschaft ist auch, ob es sinnvoll sein kann, die Zielgesellschaft in einer anderen Rechtsform fortzuführen. Diese Entscheidung ist auch von den steuerlichen Unterschieden zwischen Kapital- und Personengesellschaften abhängig.

Die gewerbesteuerliche Belastung sollte auf einen Rechtsformwechsel keinen entscheidenden Einfluss haben. Personengesellschaften sind zwar auf der einen Seite benachteiligt, als an Gesellschafter erbrachte Vergütungen wie Geschäftsführungsgehälter, Mieten für Grundstücke und Zuführungen für Pensionsrückstellungen zugunsten der Gesellschafter/Geschäftsführer nach § 15 Abs. 1 S. 1 Nr. 2 EStG nicht abziehbare Sonderbetriebseinnahmen darstellen und dadurch den Gewerbeertrag erhöhen, während eine Kapitalgesellschaft solche Vergütungen als Betriebsausgaben geltend machen kann. Auf der anderen Seite berechnet sich die Gewerbesteuer einer Kapitalgesellschaft stets nach einer festen Messzahl von 5% (multipliziert mit dem Hebesatz der jeweiligen Kommune), während der Gewerbeertrag einer Personengesellschaft um einen Freibetrag von 24.000 € gekürzt und in Höhe von weiteren 48.000 € einem Staffeltarif von 1 bis 5% unterliegt (§ 11 Abs. 1 und 2 GewStG). Zusätzlich können sich die Gesellschafter der Personengesellschaft das 1, 8 fache des auf sie entfallenden anteiligen Messbetrages (Gewerbeertrag x 5% x Prozentsatz der Beteiligung) auf ihre Einkommensteuer anrechnen lassen, wodurch die Mehrbelastung gegenüber der Kapitalgesellschaft weitgehend ausgeglichen wird.

---

[226] *Beußer*, DB 2007, S. 1552 (1549).

Anders ist dies hingegen bei der Körperschaft- bzw. Einkommensteuer. Während einbehaltene Gewinne einer Kapitalgesellschaft nur einer Körperschaftsteuer von 25% unterliegen (§ 23 Abs. 1 KStG)[227] und eine weitere Besteuerung des Gesellschafters erst bei Ausschüttung des Gewinnes nach dem Halbeinkünfteverfahren (§§ 20 Abs. 1 Nr. 1, 3 Nr. 40 lit. d EStG) eingreift, unterliegt der Gewinnanteil der Gesellschafter einer Personengesellschaft in vollem Umfang seinem individuellen Steuersatz, unabhängig davon, ob der Gewinn ausgezahlt wird oder nicht. Hierdurch können sich Mehrbelastungen der Personengesellschaft von einigen %-Sätzen ergeben, je nachdem, ob das Unternehmen Gewinne zu Investitionszwecken einbehalten muss oder nicht.

Die Unternehmensteuerreform 2008 wird diese Mehrbelastung nicht entscheidend verringern. Sie wird die Steuerbelastung für einbehaltene Gewinne von Kapitalgesellschaften nochmals senken, und zwar für Hebesätze bis zu 400% auf unter 30%, indem der Körperschaftsteuersatz auf 15% und die Gewerbesteuermesszahl auf 3, 5% reduziert werden (§§ 23 Abs. 1 KStG 2008, 11 Abs. 2 GewStG 2008).[228] Zwar wird auch die Personengesellschaft von dieser Reform betroffen, aber nicht so stark wie die Kapitalgesellschaft davon profitieren. In gewerbesteuerlicher Hinsicht gleichen sich zwar Vor- und Nachteile weitgehend aus; sie wird zum einen benachteiligt, als der Staffeltarif nach § 11 Abs. 2 GewStG abgeschafft wird, auf der anderen Seite aber begünstigt, und zwar durch die Einführung der einheitlichen niedrigeren Messzahl von 3, 5% und eines deutlich erhöhten Anrechnungsfaktors im § 35 EStG 2008, nämlich des 3, 8 fachen des anteiligen Messbetrages. In einkommensteuerlicher Hinsicht bleibt es dagegen grundsätzlich bei der vollen Besteuerung des Gewinnanteils. Zwar wird auf Antrag eines Gesellschafters unter bestimmten Voraussetzungen dessen nicht entnommener Gewinnanteil nur mit einem ermäßigten Steuersatz von 28, 25% (zuzüglich SolZ) besteuert (§ 34a EStG 2008). Da bei späterer Entnahme dieses Betrages eine

---

[227] Und damit bei einem Hebesatz von 400% einer Gesamtsteuerbelastung von ca. 39%.

[228] 14% GewSt (3, 5% x 400%) + 15% KSt + 0, 825% SolZ; vgl. *Schulze zur Wiesche*, Folgen der Entlastung des nicht entnommenen Gewinns für die Ertragsbesteuerung der Personengesellschaft, DB 2007, S. 1610 (1610); *Ortmann-Babel/Zipfel*, in: Ernst & Young/BDI, Die Unternehmensteuerreform 2008, S. 71.

Nachsteuer von 25% (zuzüglich SolZ) anfällt, lohnt sich dieser Antrag aber nur, wenn der betreffende Gesellschafter einem individuellen Steuersatz von mehr als 40% unterliegt und der Betrag für mindestens 5 Jahre im Unternehmen verbleibt.[229] In vielen Fällen wird daher diese Begünstigung nicht in Betracht kommen, sodass die Kapitalgesellschaft wohl weiterhin wegen ihrer geringeren steuerlichen Belastung von nur 15% für einbehaltene Gewinne bevorzugt werden wird.

Jedoch zeichnet sich die Personengesellschaft im Gegensatz zur Kapitalgesellschaft durch den Vorteil aus, dass aufgrund des Transparenzprinzips Verluste mit sonstigen positiven Einkünften der Gesellschafter verrechnet werden können. Gerade bei einem MBO kann dies von Vorteil sein. Wenn es sich bei der Zielgesellschaft um einen Sanierungsfall handelte, ist davon auszugehen, dass auch nach der Übernahme noch Verluste anfallen werden. Wählen die Beteiligten die Rechtsform der KG, können weitere Gesellschafter als Kommanditisten mit dem Hinweis auf evtl. Verlustverrechnungen – wenn auch nur bis zur Höhe des Kapitalkontos bzw. einer höheren Haftsumme (§ 15a Abs. 1 EStG) – akquiriert werden. Der Gesellschafter einer Kapitalgesellschaft hingegen kann wegen des Trennungsprinzips keine Verlustverrechnung mit den eigenen Einkünften vornehmen. Die Verluste sind nur mit den eigenen Gewinnen der Kapitalgesellschaft verrechenbar. Dieser Nachteil kann zwar durch den Abschluss eines Gewinnabführungsvertrags nach §§ 14, 17 KStG relativiert werden, jedoch sind dann aber nur die Gewinne und Verluste beider Kapitalgesellschaften, im konkreten Fall der NewCo und der Zielgesellschaft, verrechenbar. Die Ebene der Gesellschafter der NewCo wird jedoch davon nicht betroffen. Dieser Vorteil einer Personengesellschaft kann die Nachteile aus der Steuerbelastung im Einzelfall durchaus aufwiegen.
Umwandlungen in die jeweils andere Rechtsform sind zwar zu Buchwerten möglich (§§ 9, 3 Abs. 2 UmwStG; §§ 25, 20 Abs. 2 UmwStG). Bei jeder Umwandlung müssen aber auch andere steuerliche Folgen bedacht werden, die sich aus dem vorhergehenden Erwerb möglicherweise ergeben. So kann, wie ausgeführt, die Umwandlung in eine Personen- oder Kapitalgesellschaft zum Untergang

---

[229] *Schiffers*, Unternehmensteuerreform 2008: Sondertarif für nicht entnommene Gewinne nach § 34a EStG – Fluch oder Segen?, GmbHR 2007, S. 843 (841).

eines bei Erwerb aufwändig geretteten Verlustvortrages führen, weil der Verlustvortrag nicht auf eine andere Rechtsperson übertragen werden kann.[230] Auch ein Zinsvortrag nach § 4h Abs. 1 S. 2 EStG 2008 geht sowohl bei Umwandlung einer Kapital- in eine Personengesellschaft als auch im umgekehrten Fall völlig unter (§§ 4 Abs. 2 S. 2, 20 Abs. 9, 25 UmwStG 2008). Ebenso sollte die Rechtsform einer Personengesellschaft beibehalten werden, wenn es den Erwerbern der Zielgesellschaft gerade auf die Abschreibbarkeit der stillen Reserven und die direkte Zurechnung der Ergebnisse zur NewCo ankommt.[231] In den vorgenannten Fällen sollte daher mit einer Umwandlung abgewartet werden, bis die schädlichen Folgen z. B. wegen Verbrauchs des Verlust- oder Zinsvortrages und der Abschreibungen im Wesentlichen nicht mehr eintreten.

4.2.2.   Umstrukturierung nach Erwerb und Exit

Nach Erwerb stellt sich auch die Frage, ob nicht die Unternehmensstruktur vereinfacht, Zielgesellschaft und NewCo also verschmolzen, unrentable Teile oder Teile, die nicht mit dem Unternehmenskonzept der Manager vereinbar sind, verkauft oder zumindest verselbständigt werden sollten. Häufiger stellt sich auch die Frage, ob die Gesellschaft zum Zwecke der Einführung auf dem Kapitalmarkt in eine AG umgewandelt werden soll. Im Folgenden soll deshalb kurz auf die steuerlichen Folgen solcher Umstrukturierungsmaßnahmen eingegangen werden.

4.2.2.1.   Verschmelzung von Zielgesellschaft und NewCo

Wie schon mehrfach ausgeführt, empfiehlt sich eine solche Verschmelzung, um Erträge und Zinsaufwendungen in einer einzigen Gesellschaft zu vereinen und miteinander steuerlich verrechnen zu können. Solche Verschmelzungen sind, unabhängig ob *downstream* oder *upstream*, zu Buchwerten zulässig, soweit das Betriebsvermögen weiterhin der deutschen Besteuerung unterliegt (§ 11 Abs. 2 UmwStG für die Verschmelzung zweier Kapitalgesellschaften, § 20 Abs. 2 UmwStG für die Verschmelzung einer Personen- auf eine Kapitalgesellschaft).

---

[230]   Vgl. oben unter 4.2.1.4.
[231]   Vgl. oben unter 4.1.2.1.1.

Wenn eine Verschmelzung beabsichtigt ist, stellt sich die Frage, ob die Verschmelzung *upstream* oder *downstream* erfolgen sollte. Die Beantwortung dieser Frage hängt insbesondere davon ab, bei welcher der beiden Gesellschaften, NewCo oder Zielgesellschaft, sonstige negative, in den vorstehenden Kapiteln behandelte steuerliche Folgen entstehen, falls sie durch Verschmelzung untergeht. Bei der NewCo kann dies ein seit Akquisition aufgelaufener Zinsvortrag nach § 4h Abs. 1 S. 2 EStG 2008 sein, bei der Zielgesellschaft ein Verlustvortrag.[232] Ferner kann Grunderwerbsteuer nach § 1 Abs. 1 Nr. 3 EStG entstehen, wenn eine Zielgesellschaft mit Grundbesitz *upstream* auf die NewCo verschmolzen wird und hierdurch die Grundstücke den Rechtsträger wechseln. In all diesen Fällen ist es somit ratsam, diejenige Gesellschaft als aufnehmende und damit überlebende Gesellschaft zu wählen, die über Zins- oder Verlustvorträge oder Grundbesitz verfügt. Ist dagegen jedwede Verschmelzung – z. B. wegen der mit einem Anteilsinhaberwechsel nach §§ 8 Abs. 4, 8c KStG 2008 verbundenen Folgen – mit erheblichen steuerlichen Nachteilen verbunden, verbleibt noch die Vereinbarung einer Organschaft zur Vereinheitlichung der Unternehmensstruktur[233], hilfsweise solange mit der Verschmelzung abzuwarten, bis die schädlichen Folgen wegen Verbrauchs von Verlust- und Zinsvorträgen im wesentlichen nicht mehr eintreten können.

4.2.2.2. Abtrennung einzelner Betriebsteile

Eine solche Abtrennung führt zu laufenden betrieblichen Einnahmen, falls stille Reserven aufgedeckt werden und Veräußerungsgewinne entstehen. Falls Grundstücke oder Gebäude – bei Personengesellschaften auch Anteile an Kapitalgesellschaften – veräußert werden, die schon sechs Jahre zum Betriebsvermögen der Zielgesellschaft gehört haben, kann die Zielgesellschaft von der Steuerstundung nach § 6b EStG Gebrauch machen, d. h. einen Veräußerungsgewinn erfolgsneutral mit den Anschaffungskosten von bestimmten, in § 6b Abs. 1, 10 EStG aufgeführten Reinvestitionsgütern verrechnen oder in einer steuerfreien Rücklage zum Zwecke späterer Verrechnungen parken (§ 6b Abs. 1, 3, 4, 10 EStG).

---

[232] Untergang des jeweiligen Vertrages nach §§ 4 Abs. 2 S. 2, 12 Abs. 3 UmwStG, vgl. oben 4.2.1.4.

[233] Sofern diese nicht die Verrechnung eines Verlustvortrages hindert, vgl. oben 4.2.1.4.

4.2.2.3. Exit über Kapitalmarkt

Entscheiden sich die Beteiligten, zum Zwecke der Aufnahme von weiterem Eigenkapital an der Börse zu emittieren, ist zunächst, sofern die Zielgesellschaft bzw. nach Verschmelzung die NewCo nicht die Rechtsform einer Aktiengesellschaft hat, die Umwandlung in die Aktiengesellschaft notwendig. Die Rechtsform der Kommanditgesellschaft auf Aktien wird aufgrund ihrer Seltenheit und der Geschäftsführungsmacht des Komplementärs überwiegend nicht in Betracht gezogen.

Handelt es sich bei der Zielgesellschaft/NewCo um eine GmbH, löst die Umwandlung nach §§ 190 ff., 238 ff. UmwG keine ertragsteuerliche Belastung aus, da der Rechtsträger identisch bleibt, d. h. die Gesellschaft ihr Rechtskleid behält. Es fällt für den Fall, dass die Gesellschaft im Inland Grundvermögen hält, auch keine Grunderwerbsteuer an. Bei der Umwandlung durch Rechtsformwechsel finden keine Übertragungsakte statt.[234]
Dasselbe gilt im Ergebnis, wenn es sich bei der Zielgesellschaft/NewCo um eine Personengesellschaft handeln sollte. Ihre Umwandlung in eine Aktiengesellschaft nach §§ 190 ff., 214 ff. UmwG ist auf Antrag nach §§ 20 Abs. 1 und 2, 25 UmwG ebenfalls zu Buchwerten möglich und wegen Fehlens von zivilrechtlichen Übertragungsakten nicht mit Grunderwerbsteuer belastet.[235]

Erfolgt die nach Umwandlung stattfindende Emission von Aktien ausschließlich im Wege der Erhöhung des Kapitals der Gesellschaft, fallen auf den zufließenden Betrag keine Ertragsteuern an, da die Mittel dem Unternehmen zufließen,.

Nur dann, wenn im Zusammenhang mit der Emission Aktien aus dem Bestand der Gesellschafter ganz oder teilweise veräußert werden, kann eine Steuerbelastung auf der Ebene der Gesellschafter entstehen. Liegen die Aktien im Betriebsvermögen der Gesellschafter, zählt der Veräußerungsgewinn zwar zu den laufenden betrieblichen Einkünften (§§ 4 Abs. 1, 5 EStG, 8 Abs. 1 KStG). Er ist aber entweder zu 95% steuerfrei, falls die Anteile von einem Finanzinves-

---

[234] *Hörtnagel*, in: Schmitt/Hörtnagel/Stratz, UmwStG, § 1 Rn. 6, 15.
[235] *Schmitt*, in: Schmitt/Hörtnagel/Stratz, UmwStG, § 25 Rn. 57.

tor in der Rechtsform einer Kapitalgesellschaft gehalten werden (§ 8b Abs. 2, 3 KStG), anderenfalls zu 50% steuerfrei (§ 3 Nr. 40 lit. a EStG). Liegen die Aktien im Privatvermögen, ist ein Veräußerungsgewinn zwar steuerpflichtig, wenn es sich um eine wesentliche Beteiligung in Höhe von mindestens 1% des Kapitals nach § 17 EStG handelt oder die Beteiligung innerhalb eines Jahres nach Erwerb veräußert wird (§§ 23 Abs. 1 Nr. 2 EStG). Auch in diesen Fällen ist der Gewinn aber nach § 3 Nr. 40 lit. c, j EStG nur zur Hälfte zu versteuern.[236]

Ab 2009 wird das Halbeinkünfteverfahren nach § 3 Nr. 40 EStG, wie schon ausgeführt, durch ein Teileinkünfteverfahren für Anteile im Betriebsvermögen und wesentliche Beteiligungen im Privatvermögen ersetzt (40% bleiben nur noch steuerfrei). Die Veräußerung von Anteilen im Privatvermögen von weniger als 1% wird ab 2009 unabhängig von der Spekulationsfrist stets steuerpflichtig sein, wenn auch nur belastet durch eine Abgeltungsteuer von 25% (§§ 20 Abs. 2 Nr. 1, 32d EStG 2009).[237]

Vorsicht ist jedoch geboten bei Veräußerung einer Beteiligung, die durch Umwandlung einer Personengesellschaft nach § 20 UmwStG zu Buch- oder Zwischenwerten entstanden ist. Ihre Veräußerung in der Emission führt unabhängig vom Beteiligungsprozentsatz zur vollen Besteuerung entweder nach § 21 UmwStG in der Fassung bis zum 6. Dezember 2006 (für Umwandlungen, die bis zum 12. Dezember 2006 zum Handelsregister angemeldet wurden) oder nach § 22 Abs. 1 UmwStG in der Fassung vom 7. Dezember 2006 im Sinne einer rückwirkenden zeitanteiligen Besteuerung auf den Zeitpunkt der Umwandlung (im Sinne einer Abschmelzung für jedes abgelaufene Zeitjahr), falls die Veräußerung innerhalb von 7 Jahren nach Umwandlung erfolgt (vgl. § 27 Abs. 1 UmwStG für Umwandlungen, die nach dem 12. Dezember 2006 zum Handelsregister angemeldet wurden/werden).

---

[236] Vgl. unter 4.1.2.2.2.; zur lohnsteuerlichen Problematik für den Sonderfall der Veräußerung durch die Manager selbst vgl. unten 4.3.2.; *Seibt*, Unternehmenskauf und –verkauf nach dem Steuersenkungsgesetz, DStR 2000, S. 2063 (2061).

[237] Unter 4.1.2.2.2.; *Ortmann-Babel/Zipfel*, BB 2007, S. 1875 (1869).

Die von der Zielgesellschaft im Rahmen eines Börsengangs anfallenden Aufwendungen können, sofern sie betrieblich veranlasst sind, als Betriebsausgaben steuerlich abgezogen werden. Eine betriebliche Veranlassung der Kosten wird dann angenommen, wenn sie im Zusammenhang mit der Kapitalerhöhung stehen. Dazu gehören z. B. Beurkundungs- und Eintragungskosten der Kapitalerhöhung sowie Maßnahmen der Börsennotierung und der diese vorbereitenden Maßnahmen.[238] Umstritten ist jedoch, ob die Kosten des IPO, soweit sie auf die Aktien entfallen, die von den Altaktionären, d.h. den Managern und Finanzinvestoren im Zuge des Börsenganges veräußert worden sind, ebenfalls als Betriebsausgaben bei der Gesellschaft abziehbar sind. Rechnet man sie quotal den Altaktionären zu und trägt sie dennoch die Gesellschaft, wären sie als verdeckte Gewinnausschüttungen bei der Gesellschaft zu versteuern.[239] Dagegen sprechen sich allerdings die Rechtsprechung und die herrschende Literaturauffassung aus; als Grund für die Abziehbarkeit wird zutreffend genannt, dass der Zugang zum Kapitalmarkt vorrangig im Interesse der Gesellschaft liegt und die Kosten eines IPO regelmäßig nicht von der Zahl und Herkunft der platzierten Aktien abhängen, vielmehr von der Komplexität und Größe der Unternehmensstruktur.[240]

4.2.2.4. Exit durch sonstige Verkäufe

Ein Exit durch Verkäufe außerhalb des Kapitalmarktes, z. B. an einen strategischen Investor, weist keine steuerlichen Besonderheiten gegenüber einem Verkauf von Anteilen im Rahmen einer Emission auf; auf die im vorhergehenden Kapitel dargestellten steuerlichen Folgen einer Veräußerung der Anteile kann verwiesen werden. Da die Gesellschaft keinen Zugang zum Kapitalmarkt erhält, entfällt allerdings die Rechtfertigung für die Übernahme der Kosten der Veräußerung der Anteile durch die Gesellschaft. Übernommene Kosten würden somit als verdeckte Gewinnausschüttungen behandelt werden.

---

[238] Dazu zählen Zulassungsgebühren, Beratungsgebühren, Kosten der Emissionsbanken, Kosten der Erstellung des Börsenprospekts; *Klöpping/Ball*, BB 2006, S. 469 (466).

[239] *Achenbach,* in: Dötsch/Eversberg/Jost/Pung/Witt, KStG, Anhang zu § 8 KStG, Stichwort „Börseneinführungskosten".

[240] *Klöpping/Ball*, BB 2006, S. 468, 469 (466).

4.3. Steuerliche Fragen zur Managementbeteiligung selbst

Bei einem MBO ist neben der steuerlichen Gestaltung der Akquisitionsstruktur und Maßnahmen zur Verminderung der laufenden steuerlichen Belastung von NewCo und Zielgesellschaft die optimale steuerliche Gestaltung der Beteiligung des Managements an der NewCo von großer Bedeutung. Sie schafft einen Anreiz für das Management, das Gelingen der Transaktion zu fördern.[241] Im Folgenden soll deshalb auf die Steuerfragen im Rahmen der Beteiligung des Managers eingegangen werden, wobei die Anfangs- und die Endbesteuerung Eckpunkte der Besteuerung darstellen.

Der Manager soll durch seine Beteiligung an der NewCo an der Wertsteigerung des Unternehmens teilhaben.[242] Ziel der steuereffizienten Gestaltung ist daher, sowohl die Besteuerung der Einräumung der Beteiligung als auch der Wertsteigung zu vermeiden oder zumindest eine Besteuerung nach dem Halbeinkünfteverfahren zu erreichen, um dem Manager einen möglichst hohen Nettozufluss zu gewährleisten.

4.3.1. Vermeidung einer Anfangsbesteuerung

Unter der Anfangsbesteuerung ist die Besteuerung zu verstehen, die den Manager bei Einräumung der Beteiligung an der NewCo trifft. Es wird hierbei davon ausgegangen, dass sich der Manager unmittelbar oder mittelbar zivilrechtlich wirksam an der NewCo mit einem Anteil beteiligt.[243]

4.3.1.1. Sweet-Equity

Wie schon ausgeführt, erfolgt die Beteiligung der Manager an der NewCo häufig zu einem niedrigeren Wert als den Verkehrswert, den die Finanzinvestoren pro Eigenkapitaleinheit aufbringen.[244] Diese so genannten „Sweet-Equity"-Strukturen werden überwiegend als Gewährung eines geldwerten Vorteils an das auch die Geschäfte der

---

241 *Weitnauer*, in: Weitnauer, Management Buy-Out, S. 175.
242 *Hohaus/Inhester*, DStR 2003, S. 1766 (1765).
243 Vgl. oben unter 3.2.3.
244 *Hohaus/Inhester*, DStR 2003, S. 1766 (1765) und oben unter 3.2.3.

NewCo führcnde Management angesehen.[245] Bejaht man einen solchen geldwerten Vorteil, führt dies in Höhe der Wertdifferenz zwischen Nominal- und Verkehrswert entweder zur Besteuerung als
verdeckter Arbeitslohn gem. § 19 Abs. 1 EStG, welcher dem Lohnsteuerabzug gem. § 38 Abs. 1 EStG unterliegt, oder gar zur Schenkungsteuerpflicht nach § 7 Abs. 1 Nr. 1 ErbStG.

4.3.1.2. Lohnsteuertatbestand

Ein Lohnsteuerabzug ist aber nur gerechtfertigt, soweit der Manager
„für eine Beschäftigung" einen „geldwerten Vorteil" erhält. Für
einen Vorteil „für eine Beschäftigung" ist es nach h. M. ausreichend,
wenn der Manager lediglich seine Arbeitskraft im Rahmen der Geschäftsführung zur Verfügung stellt und keine weiteren Verpflichtungen gegenüber den anderen an der NewCo Beteiligten übernimmt.[246] Anhaltspunkt für eine solche Annahme ist eine entsprechende alleinige Verpflichtung im Anstellungsvertrag des Managers
mit der NewCo.
Ist dies der Fall, wird nach dem im Lohnsteuerrecht geltenden Ver-
anlassungsprinzip[247] die Wertdifferenz grundsätzlich alleine als
durch den Anstellungsvertrag des Geschäftsführers geschuldet angesehen. Dies gilt aber dann nicht, wenn diese Wertdifferenz wegen
ihrer Höhe nicht durch die Arbeitsleistung erklärt werden kann und
der Vorteil nicht von der Gesellschaft selbst, sondern von einem
Dritten auf einer anderen, das Anstellungsverhältnis überlagernden
Grundlage eingeräumt wird.[248] Das Risiko einer Lohnbesteuerung
kann somit verringert werden, wenn die mit der Geschäftsführertä-
tigkeit verbundenen Verpflichtungen nicht alleine im Anstellungsvertrag definiert werden, sondern im Gesellschaftsvertrag oder in
side letters[249] zum Gesellschaftsvertrag. In diesem Fall beruhen die

[245] *Drenseck* in Schmidt, EStG, § 19 Rn. 50 unter dem Stichwort "Aktien" m. w.
N.; *Friedrich/ Steidle/Gunzelmann*, Steuerrechliche Aspekte bei der Ent-
scheidung über Strategien bei der Unternehmensnachfolge, BB-Special 6/2006,
S. 24 (18).

[246] *Holzapfel/Pöllath*, Unternehmenskauf in Recht und Praxis, S. 319; *Weitnauer*,
in: Weitnauer, Management Buy-Out, S. 175.

[247] *Eisgruber*, in: Kirchhof, EStG, § 19 Rn. 120.

[248] *Eisgruber*, in: Kirchhof, EStG, § 19 Rn. 120, 121, 126; *Drenseck* in Schmidt,
EStG, § 19 Rn. 24 ff.

[249] Schuldrechtliche Nebenabreden z.B. im MEP, vgl. oben unter 2.1.3.

Verpflichtung zur Geschäftsführung und auch die damit verbundenen Vorteile nicht in erster Linie auf dem Anstellungsvertrag, sondern auf einer davon unabhängigen gesellschaftsrechtlichen Grundlage. Sie werden gegenüber den anderen Teilnehmern des MBO, insbesondere den Finanzinvestoren, und nicht in erster Linie gegenüber der NewCo selbst geschuldet.

4.3.1.3. Schenkungsteuertatbestand

Man könnte auch daran denken, die Beteiligung des Managements an der NewCo ohne Leistung eines dem Verkehrswert entsprechenden Aufgelds als teilweise unentgeltliche Zuwendung und damit als gemischte Schenkung seitens der Finanzinvestoren an das Management zu behandeln. Die Folge wäre eine Schenkungsteuerpflicht nach § 7 Abs. 1 Nr. 1 ErbStG.[250] Dagegen spricht aber nicht nur, dass sich fremde Dritte im Wirtschaftsleben nicht zu schenken pflegen[251], sondern auch, dass die Einräumung einer Beteiligung zu Nominalwerten auch dem Zweck dient, das Management zu entsprechenden Leistungen und Erfolgen für das Unternehmen zu motivieren. Dieses Motiv steht der Annahme entgegen, die Finanzinvestoren wollten dem Management etwas unentgeltlich zuwenden. Zuwendungen mit Rücksicht auf künftige Leistungen, die ihren Rechtsgrund in der gesellschaftsrechtlichen Förderungspflicht haben und damit dem Gesellschaftszweck dienen, sind nicht als unentgeltlich einzustufen.[252]

4.3.1.4. Finanzierung der Einlage

Wird die Einlage des Managers durch ein Darlehen der NewCo oder der Zielgesellschaft finanziert, ist darauf zu achten, dass die Darlehensbedingungen angemessen sind, insbesondere ein angemessener marktgerechter Zinssatz vereinbart wird. Verzichtet die Zielgesellschaft/NewCo auf Sicherheiten, ist entweder ein höherer Zinssatz oder eine angemessene Avalprovision zu vereinbaren. Anderenfalls läuft die betreffende Gesellschaft das Risiko der Besteuerung der

---

[250] Vgl. *Hohaus/Inhester*, DStR 2003, S. 1766 m. w. N. (1765).

[251] *Meincke*, ErbStG, § 7 Rn. 88.

[252] *Meincke*, ErbStG § 7 Rn. 80, 87; so wohl auch *Hohaus/Inhester*, DStR 2003, S. 1767 (1765).

Differenz zum marktüblichen Satz bzw. der fehlenden Avalprovision als verdeckte Gewinnausschüttung an den Manager nach §§ 8 Abs. 3 KStG, 20 Abs. 1 Nr. 1 EStG.[253]

Noch gravierender sind die Folgen für Zielgesellschaft/NewCo und Manager, wenn die betreffende Gesellschaft den Kauf- oder Übernahmepreis für die Beteiligung zahlt, ohne ein Darlehensverhältnis zu begründen, oder mit einer Rückzahlung schon im Zeitpunkt der Gewährung des Darlehens wegen schlechter Vermögenslage des Managers nicht ernstlich zu rechnen ist. In diesen Fällen ist das gesamte „geliehene Kapital" als verdeckte Gewinnausschüttung zu behandeln.[254]

4.3.2. Vermeidung einer Endbesteuerung

Nach dem Buy-Out, d. h. nach ca. fünf bis sieben Jahren, wenn die Beteiligten ihre Ziele weitestgehend verwirklicht haben, wird evtl. auch der Manager seine Beteiligung an der NewCo verkaufen. Daher stellt sich für ihn die Frage, ob er zu diesem Zeitpunkt seine Beteiligung ohne eine so genannte Endbesteuerung oder zumindest mit geringer Steuerbelastung verkaufen kann.

Ein Verkauf der Anteile, sei es beim Exit über die Börse, sei es an einen anderen Unternehmenskäufer, ist, wie schon ausgeführt[255], zur Zeit völlig steuerfrei, sofern die Anteile weniger als 1% des Kapitals ausmachen und mindestens ein Jahr gehalten werden.[256] Beträgt die Beteiligung mindestens 1%, ist ein Veräußerungsgewinn nach §§ 17, 3 Nr. 40 lit. c EStG nur zur Hälfte zu versteuern.

Dass diese Besteuerung durch die Unternehmensteuerreform ab 2009 verschärft wird, wurde ebenfalls schon mehrfach dargestellt.[257] Aber auch die Abgeltungsteuer von 25% für Beteiligungen unter 1% und die 40%-ige Steuerbefreiung für wesentliche Beteiligungen führen

---

[253] *Schwedhelm,* in: Streck, KStG, § 8 Anm. 150 unter dem Stichwort „Management Buy-Out".

[254] *Schwedhelm,* in: Streck, KStG, § 8 Anm. 150 unter den Stichworten "Darlehen" und "Management Buy-Out"; zu den gesellschaftsrechtlichen Problemen bei Uneinbringlichkeit vgl. oben unter 3.1.2.4.2.

[255] Unter 4.1.2.2.2.

[256] Sofern nicht die Gesellschaft, an der die veräußerten Anteile bestehen, aus der Umwandlung einer Personengesellschaft entstanden ist, vgl. oben unter 4.2.2.3.

[257] Z.B. unter 4.1.2.2.2. und 4.2.2.3.

ab 2009 immer noch zu relativ niedrigen Steuerbelastungen.[258] Diese Vorschriften setzen aber voraus, dass die Beteiligung dem Manager nicht nur rechtlich, sondern auch wirtschaftlich nach § 39 AO zuzurechnen ist.

Ist dies nicht der Fall, wird die beim Verkauf der Beteiligung anfallende Wertsteigerung der Geschäftsführungstätigkeit zugerechnet, mit der Folge, dass sie als „Entlohnung" in vollem Umfang als Einkünfte aus nichtselbständiger Tätigkeit nach § 19 EStG besteuert wird.[259] Wirtschaftliches Eigentum nach § 39 AO liegt nach der Rechtsprechung des BFH dann vor, wenn der Erwerber des Rechts eine geschützte Position erlangt hat, die ihm gegen seinen Willen nicht mehr entzogen werden kann.[260] Das ist der Fall, wenn nicht nur Besitz, Nutzungen und insbesondere die Gefahr des Wertverlustes, sondern auch die wesentlichen gesellschaftsrechtlichen Rechte und Pflichten (Stimmrecht, Gewinnbezugsrecht, Nutzungs- und Verwertungsrecht) aus der Beteiligung auf den Manager übergegangen sind.[261]

Die Vereinbarungen in der MEP, z.B. Vorkaufs-, Ankaufs- und Drag-Along-Rechte[262], dürfen nicht so knebelnd sein, dass der Manager daran gehindert wird, seine Rechte in der Gesellschaft frei wahrzunehmen. Zumindest muss er sicher sein, einen fairen Preis für seine Anteile zu erzielen, wenn eines der vorgenannten Rechte von den Finanzinvestoren ausgeübt wird. Demgemäß ist die Ausgestaltung der Managementbeteiligung problematisch, wenn dem Finanzinvestor eine Call-Option zusteht, die bedingungslos und jederzeit ausgeübt werden kann. Auch dann, wenn das Recht auf Ausübung der Option allein dem Finanzinvestor und nicht auch dem Manager (Put-Option) zusteht, oder dem Manager aufgrund der Optionsbedingungen ohne Vorliegen eines wichtigen Grundes die Teilhabe an

---

[258] *Behrens*, Neuregelung der Besteuerung der Einkünfte aus Kapitalvermögen ab 2009 nach dem Regierungsentwurf eines Unternehmensteuerreformgesetzes vom 14.3.2007, BB 2007, S. 1026 (1025).

[259] *Hohaus/Inhester*, DStR 2003, S. 1766 (1765).

[260] BFH v. 26. 1. 1970, IV R 144/96, BStBl. II, 264, 272; *Kruse,* in: Tipke/Kruse, AO, § 39 Rn. 24 m. w. N.

[261] *Hohaus/Weber*, BB 2007, S. 2586 (2582); *Hohaus/Inhester*, DStR 2003, S. 767 (1765).

[262] Vgl. oben unter 2.1.3.

Wertsteigerungen entzogen werden kann, wird der Übergang des wirtschaftlichen Eigentums durch die Finanzverwaltung abgelehnt werden. In Good-Leaver-Fällen sollte daher zu den Anschaffungskosten der Beteiligung zumindest ein nicht unerheblicher Teil der Differenz zwischen Verkehrswert und Anschaffungskosten, in Bad-Leaver-Fällen zumindest eine Verzinsung der Anschaffungskosten gezahlt werden.[263]

Darüber hinaus ist auch darauf zu achten, dass dem Manager die Risiken der Beteiligung nicht weitgehend abgenommen werden. Dazu zählt die Haftung für ein zur Finanzierung seiner Beteiligung aufgenommenes Darlehen ebenso wie die Vereinbarung eines angemessenen Zinssatzes, falls die Finanzinvestoren das Darlehen gewährt haben. Haftungsbeschränkungen auf die Beteiligung selbst und nur eine symbolische Verzinsung können Zweifel an der wirtschaftlichen Inhaberschaft des Managers auslösen.[264]

Um einer Besteuerung nach § 19 EStG zu entgehen und um in den Genuss der dargestellten günstigeren Besteuerung nach §§ 17, 23 EStG und § 32d EStG 2008 zu gelangen, ist somit darauf zu achten, dass dem Manager die gesetzlichen Rechte und Pflichten aus der Beteiligung ab Einräumung zustehen, ihm diese nicht grundlos oder ohne Teilhabe an Wertsteigerungen wieder entzogen werden können und er nicht nur die Chancen, sondern auch die Risiken der Beteiligung trägt.

---

[263]   *Hohaus/Inhester*, DStR 2003, S. 1767 (1765); zu den Begriffen vgl. oben unter 2.1.3.

[264]   *Hohaus/Inhester*, DStR 2003, S. 1767 (1765).

94

5. Fazit

MBOs lassen sich nicht nach einem allgemeingültigen Konzept stricken. Für dieses Konzept sind die Ausgangsdaten wie Rechtsform und Verlustvorträge der Zielgesellschaft, Finanzierungsbedingungen und Zahl der Beteiligten an dem MBO viel zu unterschiedlich und vielfältig. Meist ist, wie ausgeführt, eine Kombination verschiedener Maßnahmen oder auch eine Verschiebung bestimmter Maßnahmen wie Organschaft, Verschmelzung, bis zum Erreichen anderer Ziele, z. B. der Verrechnung eines Verlust- oder Zinsvortrages, notwendig oder zumindest empfehlenswert. Es bedarf daher einer sorgfältigen Planung sowohl der Erwerbsstruktur als auch der Strukturierungs-maßnahmen nach Erwerb.

Dies gilt umso mehr unter der Geltung der durch das Unternehmens-teuerreformgesetz ab 2008/2009 eingeführten restriktiven Bestim-mungen zur Zinsschranke und zum Verlustvortrag. Es kann sich als notwendig erweisen, sich beim Erwerb der Zielgesellschaft vom herkömmlichen Modell NewCo/Zielgesellschaft zu lösen, mit meh-reren NewCo`s zu arbeiten und diese neuen Strukturen einige Zeit beizubehalten, bis die Restriktionen nicht mehr eingreifen. Auch andere Beteiligungsrechte als die stimmberechtigte ordentliche Be-teiligung können sich als sinnvoll erweisen, um steuerliche Nachteile zu vermeiden.

Die Struktur der Beteiligung des Managements an der NewCo selbst wird von diesen Restriktionen dagegen unmittelbar nicht betroffen. Nach wie vor ist darauf zu achten, dass der Manager einen angemes-senen Preis für die Beteiligung zahlt und auch über das wirtschaftli-che Eigentum an der Beteiligung verfügt, um nicht – im Gegensatz zum Finanzinvestor – einen großen Teil der Wertsteigerung seiner Anteile an den Fiskus abführen zu müssen. Eine eingehende Planung und sorgfältige Verhandlungen mit den Altgesellschaftern der Ziel-gesellschaft einerseits und den Finanzinvestoren andererseits zur Vermeidung dieses Risiko sind nicht nur zu empfehlen, sondern unumgänglich.

LITERATURVERZEICHNIS

Bücher:

Assmann, Heinz-Dieter; Schütze, Rolf A.:
Handbuch des Kapitalanlagerechts, 2. Aufl., München 1997

Beisel, Wilhelm; Klump, Hans-Herman:
Der Unternehmenskauf: Gesamtdarstellung der zivil- und steuerrechtlichen Vorgänge einschließlich gesellschafts-, arbeits- und kartellrechtlicher Fragen bei der Übertragung eines Unternehmens, 5. Aufl., München 2006

Borstell, Thomas; Michaelis, Ulrich:
Ernst & Young/BDI, Die Unternehmensteuerreform 2008: Änderungen – Zweifelsfragen – Gestaltungshinweise, Aufl. 1, Bonn 2007

Bressmer, Claus; Moser, Anton C.; Sertl, Walter:
Vorbereitung und Abwicklung der Übernahme von Unternehmen, 1. Aufl., Stuttgart 1989

Ek, Ralf; von Hoyenberg, Philipp:
Unternehmenskauf und –verkauf: Grundlagen, Gestaltung, Haftung, Steuer- und Arbeitsrecht, Übernahmen, 1. Aufl., München 2007

Herfort, Claus:
Besteuerung von Management-Buy-Outs in der Bundesrepublik Deutschland, 1. Aufl., Baden-Baden 1991

Herzig, Norbert:
Organschaft: laufende und aperiodische Besteuerung, nationale und internationale Aspekte, Hinwiese zum EU-Recht, Stuttgart 2003

Hettler, Stephan:
Beck'sches Mandats-Handbuch Unternehmenskauf, München 2004

Hölters, Wolfgang:
Handbuch des Unternehmens- und Beteiligungskaufs, 6. Aufl., Köln 2005

Holzapfel, Hans-Joachim; Pöllath, Reinhard:
Unternehmenskauf in Recht und Praxis: rechtliche und steuerliche Aspekte, 11. Aufl., Köln 2003

Jakoby, Stephan:
Erfolgsfaktoren von Management Buyouts in Deutschland: eine empirische Untersuchung, Köln 2000

Jepsen, Thomas:
Die Entlohnung des Managements beim (Leveraged) Management Buy-Out: Gestaltung aus ökonomischer und steuerlicher Sicht, Hamburg 2007

Kirchmeier, Franz:
Management-Buy-Out im Steuerrecht: Die Steuergestaltung beim fremdfinanzierten Unternehmenskauf, Berlin 1995

Lippe, Gerhard; Esemann, Jörn; Tänzer, Thomas:
Das Wissen für Bankkaufleute: Das umfassende und praxisorientierte Kompendium für die Aus- und Weiterbildung, 9. Aufl., Wiesbaden 2001

Lütjen, Gerd:
Management Buy-Out: Firmenübernahme durch Management und Belegschaft, Wiesbaden 1992

Picot, Gerhard:
Unternehmenskauf und Restrukturierung: Handbuch zum Wirtschaftsrecht, 3. Aufl., München 2004

Povaly, Stefan:
Private Equity Exits: Divestment Process Management for Leveraged Buyouts, New York 2007

Rhein, Tilman:
Der Interessenkonflikt der Manager beim Management Buy-out: zugleich ein Beitrag zu den organschaftlichen Treuebindungen in GmbH und Aktiengesellschaft, 1. Aufl., München 1996

Sattler, Andreas; Jursch, Peter; Pegels, Anna:
Unternehmenskauf und Anteilserwerb durch Management-Buy-Out/-Buy-In, 1. Aufl., Renningen 2006

Schiffer, Johannes:
Planung von Management-Buy-outs, Norderstedt 2006

Schwenkedel, Stefan:
Management Buyout: ein neues Geschäftsfeld für Banken, 1. Aufl., Wiesbaden 1991

Weitnauer, Wolfgang:
Management Buy-Out: Handbuch für Rechts und Praxis, München 2003

Werbik, Angela Rebekka:
Management-Buy-Out: Ein Leitfaden für den Erwerb von Geschäftsanteilen eines Dienstleistungsunternehmens, Hamburg/Berlin 2005

<u>Internet:</u>

BVK (Hrsg.): www.bvk.de, 21.9.2007

<u>Kommentare:</u>

Baumbach/Hueck, GmbHG, 18. Aufl., München 2006

Dötsch/Eversberg/Jost/Pung/Witt, KStG, 60. Aufl., Stuttgart 2007

Hüffer, Aktiengesetz, 7. Aufl., München 2006

Kirchhof, Einkommensteuergesetz, 5. Aufl., Heidelberg 2005

Lenski/Steinberg, Gewerbesteuergesetz, 92. Aufl., Köln 2007

Meincke, ErbStG, 13. Aufl., München 2002

Münchner Kommentar zum Bürgerlichen Gesetzbuch, Band 6, 4. Aufl., München 2004

Palandt, BGB, Aufl. 66, 2007

Scholz/Emmerich, GmbHG, 9. Aufl., Köln 2000

Schmidt, Einkommensteuergesetz, 24. Aufl., München 2005

Schmitt/Hörtnagel/Stratz, Umwandlungsgesetz Umwandlungssteuergesetz, 4. Aufl., München 2006

Semler/Stengel, Umwandlungsgesetz, 2. Aufl., München 2006

Streck, KStG, 6. Aufl., München 2003

Tipke/Kruse, Abgabenordnung, 112. Aufl.., Köln 2007

Zeitschriftenbeiträge:

Behrens, Stefan:
Neuregelung der Besteuerung der Einkünfte aus Kapitalvermögen ab 2009 nach dem Regierungsentwurf eines Unternehmensteuerreformgesetzes vom 14. 3. 2007, BB 2007, 1025-1031

Beußer, Thomas:
Die Verlustabzugsbeschränkung gem. § 8c KStG im Unternehmensteuerreformgesetz 2008, DB 2007, 1549-1553

von Braunschweig, Philipp:
Aktuelles zu LBO-Bankfinanzierungen, M & A 2004, 253-259

Bruse, Matthias:
Aktuelle steuerliche Entwicklungen für Private Equity Investitionen, M & A 2004, 61-63

Dieterlen, Joachim; Schaden, Michael:
Sofort abzugsfähiger Verlust oder step up durch down-stream merger auch nach In-Kraft-Treten des Steuersenkungsgesetzes in Erwerberfällen?, BB 2000, 2552-2553

Eisinger, Gernot; Bühler, Thomas:
Management-Incentives bei Private Equity-Transaktionen, M & A 2005, 536-538

Fleischhauer, Uwe; Sauter, Dominik:
Mezzanine-Finanzierung in Deutschland – ein Milliardenmarkt, Unternehmeredition „Mezzanine 2007", 20-30

Förster, Guido:
Kauf und Verkauf von Unternehmen nach dem UntStFG, DB 2002, 1394-1401

Frank, Bernd:
Für MBO, Wachstum und Unternehmensnachfolge, Unternehmeredition "Mezzanine 2007", 12-14

Franke, Thomas:
Was ist ein MBO?, MBO als Nachfolgelösung, 6-7

Friedrich, Katja; Steidle, Birgit; Gunzelmann, Ursin:
Steuerrechtliche Aspekte bei der Entscheidung über Strategien bei der Unternehmensnachfolge, BB-Special 6/2006, 18-24

Führich, Gregor:
Ist die geplante Zinsschranke europarechtskonform?, IStR 2007, 341-345

Geck, Reinhard; Messner, Michael:
ZEV-Report Steuerrecht, ZEV 2007, 373-378

Gesmann-Nuissl, Dagmar:
Unternehmensnachfolge – ein Überblick über die zivil- und gesellschaftsrechtlichen Gestaltungsmöglichkeiten, BB-Special 6/2006, 2-7

Golland, Frank; Gelhaar, Lars; Grossmann, Klaus; Eickhoff-Kley, Xenia; Jänisch, Christian:
Mezzanine-Kapital, BB-Special 4/2005, 1-32

Haun, Jürgen; Winkler, Hartmut:
Unternehmenskaufmodelle zur Erzielung eines Step up in 2001, DB 2001, 1389-1391

Herzig, Norbert:
Die Gewerbesteuer als dominierende Unternehmensteuer, DB 2007, 1541-1543

Hohaus, Benedikt:
Aktuelles zu Managementbeteiligungen in Private Equity Transaktionen, BB 2005, 1291-1295

Hohaus, Benedikt; Inhester, Michael:
Rahmenbedingungen von Management-Beteiligungen, DStR 2003, 1765-1768

Hohaus, Benedikt; Weber, Christoph:
Aktuelles zu Managementbeteiligungen in Private Equity-Transaktionen 2006/2007

Martinius, Philip; Stubert, Julia:
Venture-Capital-Verträge und das Verbot der Hinauskündigung, BB 2006, 1977-1984

Klöpping, Kay; Ball, Andreas:
Die ertragsteuerliche Behandlung von IPO-Kosten, BB 2006, 466-469

Kreft, Michael:
Ausgewählte Problembereiche des § 8a KStG n. F. bei fremdfinanzierten Buy-Out-Transaktionen, BB 2004, 1191-1197

Kussmaul, Heinz; Pfirmann, Armin; Tcherveniachki, Vassil:
Leveraged Buyout am Bespiel der Friedrich Grohe AG, DB 2005, 2533-2540

Labbé, Marcus:
Unternehmensnachfolge durch Management-Buy-Out, DB 2001, 2362-2363

Maiterth, Ralf; Müller, Heiko:
Anmerkungen zu den Auswirkungen des neuen Steuerrechts auf Unternehmenskaufmodelle aus steuersystematischer Sicht, BB 2002, 598-603

Ortmann-Babel, Martina; Zipfel, Lars:
Unternehmensteuerreform 2008 Teil I: Gewerbesteuerliche Änderungen und Besteuerung von Kapitalgesellschaften und deren Anteilseignern, BB 2007, 1869-1882

Pluskat, Sorika:
Akquisitionsmodelle beim Erwerb einer Kapitalgesellschaft nach der Unternehmensteuerreform, DB 2001, 2216-2222

Rech, Christian:
Ausgewählte Steueränderungen im Überblick, BC 2007, 189-191

Reiche, Felix; Kroschewski, Robert:
Akquisitionsfinanzierungen nach Einführung der Zinsschranke – erste Empfehlungen für die Praxis, DStR 2007, 1330-1336

Röhrborn, Jens; Rimbeck, Michael:
Kapitalmaßnahmen vor dem Börsengang: Rechtliche Strukturierung des Emittenten, GoingPublic 09/06, 56-58

Scheunemann, Marc. P; Socher, Oliver:
Zinsschranke beim Leveraged Buy-out, BB 2007, 1144-1150

Schiffers, Joachim:
Unternehmensteuerreform 2008: Sondertarif für nicht entnommene Gewinne nach § 34a EStG – Fluch oder Segen?, GmbHR 2007, 841-847

Schulze zur Wiesche, Dieter:
Folgen der Entlastung des nicht entnommenen Gewinns für die Ertragsbesteuerung der Personengesellschaft, DB 2007, 1610-1612

Seibt, Christioph H.:
Unternehmenskauf und –verkauf nach dem Steuersenkungsgesetz, DStR 2000, 2061-2076

Stiller, Dirk:
Unternehmenskauf im Wege des Asset-Deal, BB 2002, 2619-2625

Thies, Angelika:
Steuerliche Optimierung bei Buy Outs durch Private Equity-Gesellschaften, M & A 2003, 479-484